STOP
OVER
THINKING

23 Techniques to Relieve Stress,
Stop Negative Spirals, Declutter Your Mind,
and Focus on the Present

八成是你想太多

你的煩惱不是真正的煩惱，
23個鬆綁焦慮、緩解壓力與
享受當下的練習

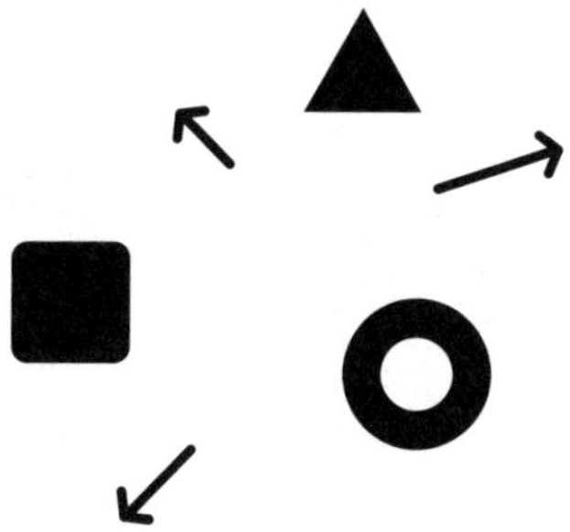

Nick Trenton 尼克・崔頓

吳書榆 譯

目次

第一章

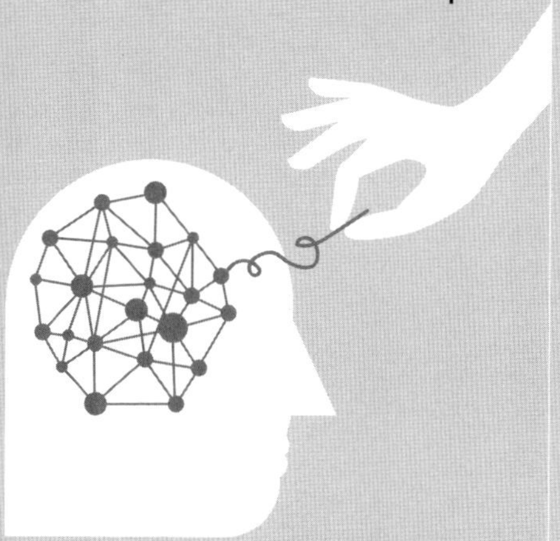

你的煩惱不是真正的煩惱

且說有個年輕人叫詹姆士。詹姆士善良、聰明且很有自知之明，甚至可以說有點**太**有自知之明了。詹姆士總是擔心這擔心那，今天，他擔心的是一個他注意到的健康小問題。他上網做了一些研究，各種可能性讓他愈來愈心驚膽戰。接著他停了下來並檢視自己，他心想：「我可能想太多了。」

就這樣，他不再對自己的健康狀況緊張兮兮……轉而開始對於自己這麼擔心健康感到憂心忡忡。他可能真的需要一些治療，但是哪一種治療呢？他的思緒跟著他一起天馬行空，沒有多久，他已開始在心裡辯證各種諮商選項，和自己爭執、審判自己、捍衛自己、質疑自己，如反芻一般咀嚼著各種沒完沒了的記憶、猜測和恐懼。他停了下來並檢視自己，他思忖著：「難道這就是人家講的焦慮症嗎？這是不是恐慌發作呢？還是說，我可能已經罹患思覺失調症但自己不知道？」他想，沒有人會像他這樣無謂地自尋煩惱，對吧？事實上，當他一有這種想法，腦袋裡也浮現出成千上萬過去別人曾批評他的畫面。

接著，他放大檢視自己的錯誤，開始在心裡把每一個錯都翻來覆去、想了又想，不知道自己怎麼會那樣做；他無法「放過」自己，這一點讓他備受折磨。就這樣煩了一個小時之後，他絕望地意識到一件事：他仍在原地打轉，根本無法就他的健康問題下任何決定，這隨即讓他沮喪不已，陷入負面自我對話的風暴當中，他一再告訴自己事情每次都搞成這樣，他永遠無法整理好自己，他太過神經質了……

唉！我們很難想像，這所有的磨難和心理上的煩苦，一開始不過是因為詹姆士注意到他肩膀上有一顆很奇怪的痣。

我們生活在一個緊繃、刺激過度、需要不停動腦的世界，多慮會帶動我們平常的認知本能過度運轉。當思考流程失控，就會導致我們想太多，使得我們萬分苦惱。無窮無盡地分析人生和自身，通常沒有必要卻無法停止，而且會打擊自我。一般來說，大腦會幫助我們解決問題，讓我們更能理解各種事物，但想太多卻適得其反。

無論你說這叫憂心、焦慮、緊張、芻思（rumination；意為在心裡反覆思考，就像動物反芻一樣）甚至執迷，想太多的特性就是會讓人覺得糟透了，而且什麼忙也沒幫上。典型的想太多通常會不斷自行放大，或者無限循環，並使人被這些想法擾亂。

你也飽受想太多之苦嗎？有時候我們很難認知到自己其實有這個問題，因為想太多的人多半善於說服自己：**目前會這麼煩憂，是為了要顧及各方面周全……**結果，下一次又會有另一個需全面考量的煩憂出現，取而代之。有些心理疾病確實會有「想太多」這個症狀與表現，比方說廣泛性焦慮（generalized anxiety）或抑鬱症，不過事實是，你很有可能就是一個想太多、而沒有這些病症的人。

人在想太多時會做出的行為，不管是分析、批判、監督、評價、控制、憂處或者以上皆有（就像前面詹姆士的情況），都是非常有害的心理活動。

如果你有以下的情況，那麼，你就要小心「想太多」對你來說已經變成一個問題：

- 你時常意識到自己的想法。
- 你會陷入「元」想法（meta-thought），也就是說，你會去思考你的想法。
- 你努力地試圖控制或導引你的想法。
- 自動冒出來的想法會讓你覺得很痛苦或不喜歡，常會感受到一些討厭的想法。
- 對你而言思考是一種苦差事，要在各種互相衝突的衝動之間拉扯掙扎。
- 你經常質問、懷疑、分析或評斷自己的想法。

- 遭遇危機，你通常會轉向檢視自己和自己的想法，認為這是問題的來源。
- 你會把重點放在理解自己的想法上，並深入挖掘你內心世界的運作。
- 你很難下決定，常會質疑自己的選擇。
- 你擔心、掛懷很多事。
- 你會發現自己一而再、再而三陷入負面想法的模式裡。
- 有時候，你會忍不住一再去回想某個想法，就算那已經過去、而且你現在什麼也做不了也一樣。

你會注意到，上述某些敘述可以說是很好的特質；難道不是大家都想培養出更敏銳的覺察力和用心當下（mindfulness；亦譯為正念）嗎？質疑自己的反射性反應並對自己提出有意義的問題，好讓你能做出更好的決定，難道不是好事嗎？想太多的重點正如其名：當我們想**太多**、太遠、太過，就對自己沒有半點好處了。

思考是一種神奇的天賦。有能力反省、分析與質疑，甚至連自己的思維流程也不放過，據稱是人類最與眾不同的決定性特徵，也是許多人類成就的源頭。思考不是我們的敵人，人類的大腦是非常有用的工具，但如果我們想**太多**，就只會損害大腦的威力。

心思雜亂與痛苦的起因

如果大腦那麼神奇，思考那麼有用，為什麼想太多這種事這麼常見，人這麼容易就不知不覺想太多？從古到今，有很多人（很可能都是想太多的人）提出自己的理論：想太多可能是一種壞習慣，也可能是一種個人特質，甚至是一種可以治癒的心理疾病。事實上，對於想太多的人來說，「一個人為什麼會想太多」常常變成他們非常執迷的主題。「為什麼、為什麼、為什麼我會這樣？」

如果你拿起這本書，很有可能是因為你的大腦放飛不受控讓你感到沮喪。而解決方案確實存在，確實有辦法可以帶你脫離壓力和毀滅，引你進入更澄澈、平和的所在。但，這裡要先提到第一項非常關鍵的重點：**導致一個人想太多的起因，通常不是想太多時的重點**。這是什麼意思？以詹姆士為例，他的想太多，完全和後肩上看起來很可怕的痣無關，也和有沒有選對心理諮商師、二十三年前某個人對他說了什麼、或者他應不應該為了自己是一個壞人感到愧疚無關。

這些想法是想太多的結果。當我們陷入芻思，會覺得思考所及都是問題。我們會對自己說：「如果我可以解決這些困擾我的事，我就輕鬆了，一切都會很美好。」但，就算解決了那件事，很快又會有另一件事跑出來取而代之，這是因為事情本身從來不是引發想太多的原因，而是結果。

很多想太多的人，都會被活躍過了頭的大腦擺布，因為他們無法體認到實際上到底發生了什麼事。他們費盡千辛萬苦解決「問題」，從沒想過他們對於「什麼才是問題」的理解，事實上才是問題所在。因此，他們很可能會緊緊抓住某些他們認定的解決方案、投入所有心力想要落實方案，到頭來發現整個人還是一樣神經緊張，跟一開始時沒有兩樣。

如果想順利解決想太多的問題，我們要做的是往後退一步，而不是一逕地去解決自己內心芻思引發的問題。而在本書接下來的內容，我們將著手處理一個假設：當我們在談「想太多」時，我們在談的其實是**焦慮**。想太多的人，不見得會被正式診斷成焦慮症的患者。不過，我們在接下來的幾章裡會看到，事實上焦慮是因（理由），想太多是果（或者說表現的方式）。那麼，焦慮究竟從何而來？

問題出在你身上嗎？

關於是哪些原因引發焦慮，目前都還在研究當中，理論百百種，很多還互相衝突，有些說是人的個性問題，也有的說是天生的生理體質，亦即你從同樣也很焦慮的父母身上承襲了這樣的特質。焦慮通常會伴隨著其他的失調症狀，有心理面的（比方說抑鬱），也有生理面的（例如腸躁症〔irritable bowel syndrome〕）。人們也觀察到，某些族群（比方說女性）較受焦慮所苦，另外飲食、高壓的生活方式、經歷創傷、甚至文化等因素，也有一定的作用力。

神經學家馬庫斯．賴希勒（Marcus E Raichle）提出「預設模式網路」（default mode network）一詞，可以想成是大腦沒有特別活動時的運作狀況。如果不用處理什麼重要任務，大腦會去思索自己在這個世界上的處境，並且一而再、再而三地處理有利於提高生存機會的社交資訊和記憶。從這樣的運作方式，我們可以說**大腦之所以演化是為了能夠生存下去，而非為了快樂**。

這裡提供的概念是，心智會利用「停工時間」（downtime）來進行額外的資訊處理工作，而且不管有沒有東西要處理都會去做。物理學家加來道雄（Michio Kaku）就說過：「人腦有千億個神經元，每一個神經元連結到其他幾萬個神經元。你的肩膀上背負的，是這個宇宙已知最複雜的物體。」當人處理資訊的強大能力沒有其他更好的用途時，就會開始芻思！

二〇一〇年吉林史沃斯（Killingsworth）和吉伯特（Gilbert）兩人發表了一篇研究報告〈漫遊的心是不快樂的心〉（A wandering mind is an unhappy mind），指出大腦會煩惱**並未**發生的事，且花掉的時間跟煩惱**正在**發生的事情一樣多。更麻煩的是，這樣的自尋煩惱通常會讓人很不開心。布洛伊德（Broyd）等人二〇〇八年在《神經科學行為評論》（*Neuroscience Behavior Review*）上發表了一篇文章，指出飽受焦慮和抑鬱之苦的人，他們的預設模式網絡活躍程度通常會比其他人更高。我們是否應該把這解讀為預設模式網絡比較活躍會導致抑鬱症？

人們為了很多事感到焦慮，比方說金錢、工作、家庭與人際關係、年齡漸長或是讓人備感壓力的人生事件，但同樣地，這些到底是引發焦慮和想太多的根源，還是其結果？畢竟，有許多人就算面對嚴重財務或家庭壓力，也不會感到焦慮或想太多；反觀有些人，從外人的眼光看來他們並未遭遇什麼能引發焦慮的問題，卻焦慮得不得了。

為了試著理解這麼多的相關研究，我們的態度是讓所有理論皆占一席之地，並同意引發焦慮的是**多重因素**，亦即焦慮是由各種不同的原因造成的結果，而這些原因彼此以很有意思的方式互相影響。你之所以感到焦慮，第一個主要原因很可能是「先天或後天」論戰中的先天一方；換言之，雖然當下你可能不覺得，但讓你感到焦慮的一大原因很可能和你這個人本來的特質有關。

且讓我們從一個很常用來解釋焦慮的因素切入：遺傳。事實是，沒有任何專家能百分之百確定地指出引發焦慮的是哪一個**單一**遺傳因子，然而，研究人員在當中發現涉及遺傳的成分。卜爾佛斯（Purves）等人二〇一九年在《分子精神病學》（*Molecular Psychiatry*）期刊上的一篇文章裡主張，九號染色體（chromosome 9）裡的某些基因和焦慮感很有關係，但，有這些基因並不表示你一定會有焦慮症。

這篇論文接著指出，焦慮失調症的遺傳率估計值（heritability rate）為百分之二十六，這是說，一個人會不會罹患焦慮失調症，基因可以解釋其中百分之二十六的變異性。我想你會同意這是很低的比例，畢竟剩下的百分之七十四又如何解釋？這部分就和你所處的環境以及你的家族史、過去經歷和目前的生活方式等因素有關。這類研究做起來的難度很高，這是因為，如果你想一想，就會發現人會透過兩種管道「承襲到」父母的焦慮：一種是透過遺傳，另一種則是我們受到的教養、早期的人格形成經驗，諸如此類的。這麼一來，就很難把遺傳的影響和行為的影響分開來。

如果你的父母中有誰患有焦慮失調症，你得到的機率就會比較大，但是機率大多少仍是一個問題。沒有一種叫作「焦慮基因」的東西，決定你必會陷入無法逃脫的命運。現在甚至有證據指出，隨著年齡漸長與環境變化，基因對於人的影響會愈來愈小。假如你清楚知道自己要面對哪些特定風險因子或固有傾向，你永遠都可以學著去管理焦慮、繞過焦慮，好好生活。

表觀遺傳學（epigenetics）領域如今告訴我們，基因只是全面中的局部。每一個人天生的DNA，後來都可以透過生活經驗以及和環境的互動而改變。分子過程（molecular process），比方說甲基化（methylation），能活化或鈍化某些基因。表觀遺傳學研究人員發現，不只生活經驗可以透過甲基化關閉基因的表徵，事實上，甲基化模式還可以傳給下一代。

想太多會遺傳嗎？會，但也不**光是**遺傳。生活經驗在這方面還占了百分之七十四的比重，這表示，環境因素的作用力可能更強。我們不太能拿基因怎麼辨，但其他還有很多事是我們可以使上力的。

除了基因之外，我們的內在也還有其他焦慮源。很多人變成了習慣性想太多，因為這會讓我們有一種錯覺，認為自己在解決那些讓我們想太多的問題。所以，如果詹姆士擔心自己的健康，他自然而然會一直去想各種原因和解決方案，看起來好像是在追根溯源探究問題。但事實上，想太多從來不會有任何結果，因為想太多的人會陷入分析、駁回、重新考慮其他可能性的輪迴當中。就好像一個抓了也無法止癢的癢處。你可以去抓，讓自己暫時舒服點，但不管抓癢當下感覺多好，那個發癢的點其實並沒有消失。

這樣的惡性循環之所以難逃脫，另一個原因是促使你想太多的焦慮是以聰明又淘氣的方式運作，也就是餵養我們最深的恐懼。你可以注意到，某些特定的觸發因素會讓你變本加厲想更多，比方說，有可能是你對自己的能力、和某些人之間的關係、你的身心健康等缺乏安全感。如果你在想法開始不受控時直接去壓抑思緒，通常都會適得其反，讓你對於自己擔心的事**想得更多**。這種情況聽起來讓人覺得很無助，但在本書稍後，我們會討論一些你可以善加利用的技巧，幫助你跳脫這樣的循環。

最後，我們的日常習慣也可能以幽微但嚴重的方式加深憂慮，導致想太多。頻繁查看社交媒體、不好好吃飯或未攝取適當的營養、水喝得不夠、睡眠週期紊亂等等，許多看來無害的習慣都可能加重想太多的傾向。在我們到目前為止所提到的因素中，這些是最容易掌控的，但接下來要談的焦慮源頭可就沒那麼容易向我們的意志力低頭了。

問題出在你的環境嗎？

遺傳因子可能會給你一身細皮嫩肉，讓你比別人更容易曬傷，但是你會不會真的曬傷並非由基因決定，重點在太陽！同樣道理，基因預先決定了我們是這樣那樣，但在讓你滋生並持續焦慮的這方面，生活經驗的作用力道更強大。換言之，先天傾向加上帶來壓力的生活事件，就得出想太多的結果。

過去的典型看法認為，只有內在有問題的人才會出現心智失調的問題，比方說，那些腦部「化學物質不平衡」的人。但現在我們知道，焦慮和相關的心理健康問題，嗯，其實和生活在極高壓的世界裡絕對大有關聯。

壓力不是壞事。「良性壓力」（eustress）、或者說好的壓力，指的是能激勵我們、讓我們保持警覺與挑戰自己以成為更好的人的一般日常壓力。然而，當壓力過大，就會產生反效果，變成只會消耗我們的心理資源，讓我們覺得束手無策。另外一個極端是，我們也可能因為完全沒有刺激而備感壓力。當環境給我們的刺激不夠，就會出現壓力不足（hypostress）這種現象。這指向一件事：人要活得好，需要的並不是全無壓力的環境，而是擁有最符合自身需求的壓力程度。

壓力和焦慮是兩回事。心理學家莎拉・埃德爾曼（Sarah Edelman）博士解釋，壓力存在於環境裡，是一種加諸我們身上的力量，焦慮則是我們自身對於這股力量的內心體驗。每一個人對同樣的壓力事件反應都不同，因為每一個人的內在資源與門檻都不同，另外，我們做出的反應當中還會包含其他情緒（例如憤怒或沮喪）以及生理徵狀（例如失眠、消化道問題或是注意力不集中）。

生存本身就是一件有壓力的事。面對壓力、挑戰或不適，是人類日常生活的常態，但如果**持續不消退**，壓垮了我們應付環境與好好過生活的能力，我們會覺得精疲力竭、沮喪不已，或者還會伴隨著焦慮失調症。身體的「戰鬥或逃跑」（fight or flight）反應會不斷進化，以保護我們安全無虞，但這並不代表我們能無限期**停留**在高喚起狀態（state of arousal）。讓人枯竭與崩潰的方法，就是把長期壓力加諸在生理或心理上本來就有想太多傾向的人身上。

工作壓力、予取予求的孩子、讓人情緒疲乏的人際關係、二十四小時永不間斷的新聞輪播所帶來的永無休止壓力，再加上政治、氣候變遷、你樓上的鄰居不停在製造噪音、睡不好、吃太多垃圾食物、你去年遭遇的創傷性經歷、銀行戶頭裡入不敷出的金額……也難怪很多人根本承受不住。

研究人員肯尼斯．肯德勒（Kenneth Kendler）與團隊發現，重度憂鬱和廣泛性焦慮症，都和前一個月的創傷性生活事件有密切的關係，例如喪親、離婚、意外事故、犯罪或是經歷了貧窮或族群歧視等。有些研究，比方說早至一九八六年布朗（Browne）和芬克霍爾（Finkelhor）所做的研究，發現要預測成年人是否會出現心理失調的情形，最有用的指標之一是童年時是否經歷創傷、遭到虐待或被忽略。二〇〇〇年，克莉絲汀．海茵（Christine Heim）與同事指出，童年時遭到性虐待造成的效應讓女性成年後對壓力「過敏」，這是指，與他人相比之下，她們對於壓力的生理反應更加強烈。

思考環境因素時，我們多半著重於重大事件或是會助長想太多的相關經驗，前文已經提到很多這類範例，然而，環境因素還會從另外一個層面影響我們：我們花很多時間待著的直接環境，例如家中或是辦公室／職場。這些空間的組成因子與導向，對我們感受到的焦慮大有影響。

有些人會建議你把「整理房間」當作因應壓力的對策，理由就在這裡。不管是在家裡或在辦公室裡，雜亂都是引發焦慮的重大原因，因為這在潛意識裡映射出你自身的狀況。照明的品質、聞到的氣味與聽到的聲音、牆面的顏色、和你共用這些空間的人等，都有可能引發、也有可能降低你的焦慮和壓力，端看你如何管理這些人事物。好的光線、宜人的氣味、讓人平靜的牆面顏色對於你的焦慮程度造成的影響之深，可能會讓你嚇一大跳。

所以說，造成影響的不僅是基因這個元素，生活事件與環境壓力源都可能讓我們更易於感到焦慮。回到之前舉的例子，就算一個人天生的膚色黝黑耐曬，如果持續曝曬在豔陽下，最後還是會曬傷。

假如再繼續延伸這個比喻，想像一下，假設有人膚色很蒼白，很容易曬傷，這樣的人可能為「曬傷基因」所苦，但他們也會特意做出行為選擇（例如擦防曬係數高的防曬油），這樣一來，他們可以透過慎重的選擇來淡化環境的影響，掌控自己的人生。這就導引我們來到壓力發展的第三個面向：我們自身的行為與態度。

祕密武器：我們的心理模式

「先天或後天」論戰事實上已經解決了：這不是一個二選一的問題，而是兩者皆然，尤其是，兩者會一同運作。人會不會出現焦慮，追根究柢取決於以下兩者之間的**關係**：

- 每個人獨特的基因、生理特質與傾向

我們於外在世界中經歷的事件、壓力與情境

至於是否願意去檢驗兩者之間的關係，以期能理解並有意識地加以掌控，就因人而異了。

決定一個人會不會焦慮的最後一個強力因子，是我們特有的認知風格、我們的心智架構以及這些因素在我們身上激發的行為。舉例來說，當你拿起這本書，你就是在和你人生中的一股影響力交手，這股力量很難明確分辨是先天或後天的。

連結先天和後天的介面，正是我們訴說的自身生命故事、我們賦予事物的意義、我們的內在對話以及我們的自我認同感。有一句老話說：「壓垮你的不是重量，而是你負重的方式。」你會不會覺得某一件事帶來很大的壓力、讓人承受不住，歸根究柢要去看你如何解讀與理解這個事件，以及你如何主動地因

應這件事，換言之，也就是你做了什麼選擇。

不同的兩個人對相同情境的評估可能天差地別；是評估決定了他們的經驗為何，而非情境本身。有些人對人生的評估，就會得出讓人備感壓力的結果。舉例來說，如果你是一個外控型（external locus of control）的人（亦即，你不認為自己的人生真的能由自己掌控，而是會受到運氣、隨機性以及其他人影響），那麼，你在看待某些新情境時就會將之視為威脅，而非讓人感到興奮的挑戰。一旦你對自己說這是一種威脅，你就會在這樣的條件下行事，並且感到很焦慮。

不妨看看這個例子：暹羅貓身上的幾個基因賦予了牠們特有的毛色花紋，然而這些基因並非固定的；因為這些基因對溫度很敏感，而會在環境相關的不同條件下表現出不同的形態。在身體體溫比較低的部位，基因會「開啟」（棕色的尾尖、鼻子、耳朵和足部），在體溫比較高的部位則會關閉。如果你在非常寒冷的氣候環境下養一隻暹羅貓，毛色就會比較偏深棕色。在偏涼爽點的地方，毛色就會看起來比較淡。因此，兩隻有相同基因組成的暹羅貓，最後會出現不同的表現型（phenotype），亦即這些基因在生理上會表現出不同的模樣。

如果暹羅貓繁殖場主想要毛色比較淺的貓，因此把貓移到比較溫暖的地方，我們可以說，貓最後會得出什麼顏色，既不單純取決於基因、也不完全由環境而定。事實上，貓的毛色甚至不只是這兩者之間交互作用的結果，還要考慮第三項變數：繁殖場主認為暹羅貓身上該有什麼毛色，以及他們為了得出想要的結果做了哪些刻意的行動。

你的認知、觀點、對自我的感受、世界觀和認知模式，都會影響你對中性事件的解讀。**我們回應的不是壓力，而是自己對於壓力的認知**；這些認知之後又會透過行動成為現實，並且會強化你的態度和世界觀。

在接下來幾章裡，你不會看到如何改變基因（這不可能）或如何逃離環境壓力（稍微有可能，但只是稍微）的建議；反之，我們會聚焦在那些你有能力立刻著手的事情上，讓你看見自己其實能改變焦慮和想太多的困境。

想太多的人，通常都有基因上和環境上的多慮「理由」，但說到底，還是他們自身特有的評估，才讓所有事情綜合成讓人備感壓力的狀態。講到抗壓，你對自己的內在力量與技能有哪些想法？你如何看待這個世界以及當中的挑戰，你對於事態的發展軌跡又有什麼樣的見解？你有哪些日常習慣？你是否擁有完整合宜的自尊？你的界線在哪裡？這些都是我們**可以**改變的事物。

在本書剩下的篇章，我們會檢視實際、具體的範例，說明如何將認知行為療法等方法納入你自己的生活中。利用正確的技巧，我們可以重新建構自身的認知並改變行為，不再任由自己想太多，讓大腦有其他更好的用途。我們會一起了解如何強化你的掌控感和獲得力量的感受，以及如何創造出希望和熱情、而不是恐懼，如何掌控壓力並握穩人生方向的舵、而非讓人生牽著你的鼻子走。

在我們跳下去鑽研這些技巧之前，先來想一想如果我們**不用**這種方式行事、不把人生的幸福抓進自己手中的話，要付出什麼樣的代價。

想太多的後果

還記得本章前面提過的詹姆士嗎？我們只花了一、兩個小時一窺他的大腦運作，但現在想像一下自己二十四小時都是詹姆士，有著一顆永遠不關機的大腦。也或許你已經知道這是什麼滋味。然而，大部分的人都不認為憂心多慮會在自己體內造成任何傷害；這些不過就是想法罷了，不是嗎？

錯，**焦慮是一種生理面、心智面、心理面、社會面、甚至精神面的現象。**生活中任何面向都無法逃脫焦慮性的多慮造成的衝擊。當你認知到威脅，下視丘—腦垂體—腎上腺系統（Hypothalamic-Pituitary-Adrenal，簡稱HPA）軸就會受到刺激，你的大腦會在身體裡觸發瀑布效應，接連釋放神經傳導物質和荷爾蒙，並在生理上造成影響：也就是典型的逃跑或戰鬥反應，讓身體隨時做好準備，以求撐過所察覺的威脅並存活下來。

二〇二〇年時，卡林（Karin）等人發表了一篇論文，指出失調的視丘—腦垂體—腎上腺系統會變成幾種精神疾病的溫床。除此之外，這還沒算到長期壓力造成的直接生理效應。從系統觀點來看，壓力是一種很複雜的現象，無所不包，涉及內分泌腺與器官的健康和功能、適應行為、心情的主觀經驗以及我們身處的廣大世界。

所以說，壓力不是「只在你腦子裡」的芻思，壓力在你的身體裡、你的行為裡，也在你所處的世界裡！

壓力造成的長、短期生理效應包括：

心跳加速、頭痛、噁心、肌肉緊繃、疲倦、口乾舌燥、暈眩感、呼吸急促、肌肉痠痛、顫抖與抽搐、流汗、消化不良、免疫系統受抑制與記憶力衰退問題。你的身體是為承受**短期**的急性壓力而設計，長期的壓力（指持續性的壓力）會開始引發慢性病的問題，比方說心血管疾病、失眠、荷爾蒙失調，凡此種種。這些身體上的尋常壓力經驗如果一直持續下去，其生理效應可能會留下終身影響……

壓力造成的心智與心理效應包括：

筋疲力竭與疲倦、戰戰兢兢、神經緊繃、易怒、無法專心、缺乏動力、性慾和食慾出現變化、做惡夢、抑鬱、覺得失控、凡事無動於衷，諸如此類。壓力可會強化負面思考模式與有害的自我對話、降低自信心並扼殺我們從事活動的動力。

更讓人膽戰心驚的是，假以時日，想太多會扭曲我們對事件的認知，並型塑我們的個性，讓我們更趨避風險、更聚焦在負面且更缺乏抗壓能力。當你持續鎖定在壓力頻道，你就無法清楚地感知當下，無法去體驗人生本來的樣貌。由於你不厭其煩地把重點放在有什麼事可能會出錯或是之前出過什麼錯，你將錯失各種可能的喜悅、感恩、心有靈犀與充滿創造力的感受。

這也就表示你比較難領會到解決問題的創意方法，比較難看見並善用新的機會，也無法真心感謝所有發生在你身上的好事。如果你長期都處於容易恐懼與憂慮的狀態，你會透過這樣的過濾機制來詮釋每一次遭遇的新事件，而且，你解讀的不是實際上的狀況，而是你擔心可能發生的事。

壓力造成的廣泛社會與環境效應包括：

有損親密關係、職場表現不佳、對待他人沒有耐性且易怒、畏避社交以及涉入上癮或有害行為。持續承受壓力且焦慮的人，會開始失去人生中所有的意義與歡愉，不再計畫人生，無法以仁慈或惻隱之心對待他人，也會失去對生命的熱情。當一個人的心太忙於小題大作，就不太可能積極主動、展現幽默感或充滿創新精神，對吧？

你可以想像，生理面、心理面和環境面會交互作用，創造出單一、統一的多慮和焦慮經驗。舉例來說，如果你一直想太多，身體裡就會充滿皮質醇（cortisol）和其他壓力荷爾蒙。這會讓你一直覺得心神不寧，事實上，還會讓你更加想個不停，壓力更大，改變你對自己和人生的感受。之後，你可能會替自己做出不當的選擇（熬夜、吃垃圾食物、拒他人於千里之外），這更加強化你已經身陷其中的壓力循環。你在工作上的表現可能會一落千丈、因循拖延，這又無可避免讓你要擔心更多事，就這麼不斷循環下去……

環境的張力和壓力都是中性的，它們不是問題本身，是我們用自己的心理模式來處理這些張力與壓力，並判斷這些是問題。當我們反覆芻思、過度思考，就會把普通的生活壓力變成讓人無法承受的負面力量。當我們想太多，就會卡在焦慮的漩渦裡，強化對我們的生活、心智、身體和精神各方面造成毀滅性效果的壞習慣。

如果想太多已經是你維持了一輩子的習慣，你可能相信基本上這就是你人格特質的一部分，但，請你振作起來，你要相信你有可能改變，而體察到想太多這件事確實在你的人生裡產生了一些作用，就是改變的開始。想太多的人有一項別人比不上的優點：這些人通常很聰明、很敏銳，有能力做出對自己有益的事，但前提是他們要能夠認知到想太多對自己沒有益處。

每一個人的秉性都不同，抗壓力也不盡相同，所面對的環境壓力更不同，然而我們在某個方面享有最大的掌控力，那就是我們可以決定自己如何評估經驗，如何向前邁進。想太多不是一種自然的狀態，更非必需品。多慮是一種具有破壞性的行為，而我們可以主動停止。生命中會有壓力，這是事實，但你可以選擇要不要想太多！只要做一點練習，每個人都可以重新訓練大腦站在自己這一邊，以不同的角度來看事物，並抵抗持續焦慮和壓力的腐蝕作用。

精華重點

☆ 究竟怎樣才算想太多？想太多，是指你過度分析、評估、芻思與憂心某些事，嚴重到開始影響你的心理健康，因為你完全停不下來。

☆ 焦慮會導致多慮，而焦慮通常有兩大源頭。一是我們自己；很遺憾的，有些人先天上具有比別人更容易焦慮的傾向。然而，基因並非唯一的影響因素。我們之所以會成為習慣性想太多的人，是因為這會讓我們覺得自己好像在處理那些讓我們想太多的問題。想太多會沒完沒了，我們根本無法藉此解決問題，但我們還是會覺得自己有些進展。這會變成一個難以逃脫的惡性循環。

☆引發焦慮的另一個原因是環境，這當中又可分為兩個面向。第一，我們要去思考自己花最多時間待著的直接環境，例如住家和辦公室。這些空間的設計，會大大影響我們的焦慮程度。如果很雜亂、很昏暗且很吵雜，會讓我們更加焦慮。第二個面向，是我們和這個世界互動時在社會文化脈絡下感受到的更廣泛經驗。遭遇族群歧視或性別歧視等，會讓我們覺得壓力很大，導致焦慮感上升。

☆想太多會有很多負面結果，包括生理、心理甚至於社會面的傷害，有可能發展成長期問題，例如心跳過快、暈眩、疲倦感、易怒、神經緊繃、頭痛、肌肉緊繃等等。

第一章

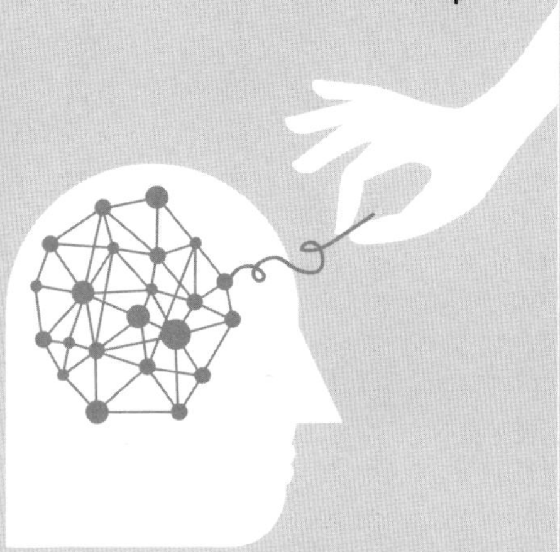

拉開你與壓力的距離

目前為止，我們已經大致說明了什麼是想太多、想太多背後通常有哪些作用力，以及想太多如何傷害我們的人生幸福。我們也看到了如果想要取得掌控權，關鍵是要改變心智模式與我們對這個世界的想法。我們需要的是減壓！別擔心，這一章要談的不是每個月去按摩舒壓，也不會列出做冥想練習的種種理由。對想太多的人來說，一般的減壓建議通常不夠，我們需要的是：

- 清楚體察到自己的思考過程
- 事前主動進行壓力管理
- 學到實用的技巧，以站穩腳步並聚焦想法

關於減壓，我們的主要目標是精準指出人在想太多時腦部會有哪些活動，重點是要找出讓我們想太多的觸發機制，以及一旦開始想太多之後會有哪些效

應。只要能看清楚這個過程，就能開始採取更周全的行動。那麼，必須從哪一個點著手呢？是覺察。

在本章，我們要先從克服想太多與管理壓力水準的基本面開始，而在這二者中，最重要的都是我們要持續地自我**覺察**。覺察和芻思有所不同：當我們能覺察時，會單純把注意力放在內在與外在的經驗上，不批判，也不依附或抗拒。事實上，想太多的人能培養出的最佳能力之一就是區分覺察與焦慮：前者中性、自在且冷靜，後者則帶著情緒，通常會自顧自地激動過了頭。在只需要做到覺察就足夠的時候，想太多的人卻常常陷入焦慮。

我們可以經常性地「檢查」自己的身體感知、想法和感受；確定我們的生活方式順應了我們的需要、為我們提供支持；在日常生活中做到某些形式的用心當下。藉由這些方法，在自己身上培養出上述的覺察。

想像一下：漫長的一日將要結束，你精疲力竭。早會時你遲到了，而且和同事起了一點爭執。照例你又被分到太多工作。外面的建築工人**一整天**都在製造噪音，簡直要把你逼瘋了。你的待辦清單堆得跟身高一樣高，你覺得自己快要崩潰了，此時此刻，你的另一半又傳來一則語氣不明的訊息，說你們「需要談談」。

當壓力像這樣子堆積起來，會讓人覺得不堪負荷。就好像是在玩一場超高速的俄羅斯方塊（Tetris），你沒辦法好好思考，因為總是有另一個挑戰、另一次危機搶走注意力。雖然你常常覺得對壓力束手無策（光是這個念頭，就讓人覺得壓力好大），但，一定有辦法可以讓你停下來、暫時喘口氣，好好看看目前到底發生了什麼事。

焦慮：「一下子發生太多事了，我應付不來，我想要尖叫！沒有人尊重我。我再也沒辦法這樣下去了。他傳的訊息是什麼意思？為什麼會發生這種事？」

覺察：「現在發生了很多事，我的心跳加速，我快要開始恐慌了。我感覺到我的思緒開始翻騰。」

你能否看出當你焦慮時會出現的批判、詮釋和依附？你能否看出當你覺察時，你能夠保有清醒的認知，在不添加負面敘事、判斷或抗拒之下全盤理解目前的狀況？你又能否看出，當你覺察時，就能替自己創造出一道小破口與一點可能性，讓你可以選擇接下來想要怎麼做，而非是在壓力浪潮中亂了方寸？

我們在談壓力管理時，談的不必然是如何完全脫離壓力；那是不可能的！我們談的也不是如何讓你自己麻木，讓你更加無法感知、無法敏銳覺察，重點反而是要能夠覺察感知，而且不要在你的覺察中加入任何會挑起焦慮的敘事與批判。如果能做到這一點，你就能選擇你要如何因應人生中無可避免的壓力。且讓我們來看看你有哪些選項。

練習1：壓力管理的「四A」

最早提出這套方法的是梅約診所（Mayo Clinic），但自此之後，它被全世界的治療師、教練、醫師和一般人反覆運用在各處。一套簡單、井然有序的因應焦慮之道，在壓力與多慮風暴來襲時，堪比是救生艇。你要做的，就是記住以下的四項技巧：**避開（avoid）**、**改變（alter）**、**接受（accept）**與**適應（adapt）**。只要具備這四種可行方法就可以面對任何生活壓力，光是知道這一點就讓人覺得很安心。

你可以做的第一件事情，就是**避開**。

聽起來簡單到像是假的，但面對生活中的麻煩，很多時候你大可抬起腳走開就好。我們無法控制生命中的一切，但我們可以安排自己的環境條件，不用一直被壓力環繞，也不用和具壓迫感的人相處。如果我們誠實一點，或許就可以看出來生活中很多壓力是不請自來的，而且我們無須屈從！

想一想環境中有哪些事會讓你壓力很大，你又要如何取得控制權以緩和、甚至完全消除這些壓力。假設有人很討厭星期六上午繁忙的超市，如果他們知道這件事會讓自己壓力很大，就可以重新排程，把每週採買的時間改到店裡最清靜的時候，比方說星期二傍晚。如果可以做到完全避開，對繁忙超市引發的壓力就連處理都免了。

你也可以用這種辦法避開讓人壓力很大的人。你是否感受到，父母假期來訪要在你家留宿，這件事簡直讓你的壓力爆表？想個辦法安排他們入住附近的民宿，或是避免規劃一些你們所有人必須單獨共處一室幾個小時、除了把彼此逼瘋之外什麼也做不了的活動。

避開壓力，並不代表你是在逃避責任或否定真正的問題，你只是在學習對不必要且有害的壓力說「不」。我們永遠都可以拒絕那些對我們以及我們的資源提出過分要求的情境或人。

這些資源指的可以是心智能量與注意力，也可以是時間。如果你的生活中有什麼事耗盡你的時間，你**可以**說「不」。

檢視你的待辦清單，劃掉兩、三項既不緊急也不是優先要務的項目。把工作交代下去，或是讓別人來承擔一點責任，你不用一個人全包！下一次當你面對一位讓人緊張的潛在客戶時，請自問：「我能不能直接避開這整件事？」如果可以，那就這麼辦。

如果不行，你可能需要想辦法扭轉情境，亦即去做出**改變**。

你永遠都可以選擇要求別人改變他們的行為，舉例來說，如果建築工人在外面大聲喧鬧，你可以禮貌地請他們暫停十分鐘，讓你講完一通重要的電話。

直接傳達你的需求與感受，不要沉默著生悶氣。如果你從未明確告知朋友他愚蠢的笑話其實已經傷到你，你可能就得永遠安靜地坐著並承受語言的灼傷，但清楚告知對方你的感受並要求他停止其實並不困難。

我們無法避開生活中的所有壓力，但通常可以決定這些壓力事件如何發展。告知對方、溝通協商，並用「我」開頭來分享你的需求，同時提出你的要求。如果你就是只能在星期六早上去超市採買，那就用手機播放能讓你放鬆的有聲書，一邊逛一邊聽。

如果你不能不出席加開的親師座談會，那就想辦法把這件事和你要出門跑腿的其他雜務行程合併，這樣你就可以節省時間、心力，可能還省了一點汽油。你也可以試著改變無法避開的情境，把範疇縮減到你可以接受的程度。如果你無法躲掉無聊的派對，那就去，但在一開始就大方地說：「可惜我一個小時之後就要離開，明天我得很早起！」

如果無法避開壓力源，那就自問你能做些什麼來改變情境。

倘若你的答案是「沒有太多可以施力之處」，那你可能需要再進一步：**接受現狀**。

要如何接受你不喜歡的情境？首先，如果你不喜歡，就是不喜歡。接受並不代表你要假裝你沒有感受到自己真正的感受，而是要認可自己**可以**有這種感受。確認自己的情緒，並承認這些就是你的情緒。舉例來說，假設你的男友剛剛用簡訊跟你分手，對於他這個決定，你沒有太多可以做的，但你可以想辦法去接受這個情境，打個電話給朋友，聊一聊你的感受。

如果面對的是讓你受委屈、被誤會的情境，接受可能意謂著你要找個方法去原諒。請記住，你是為了自己而原諒，而非為了別人。當你決定原諒，就能讓自己從憎恨、責怪對方的壓力和傷神當中解脫出來。

接受的重點也在於巧妙地改變我們看待事件的觀點架構。我們無法改變事件本身，但可以檢視自己的內心如何描述這些事件，以及使用了哪些說法。例如，與其說：「我這一門課全完了，我的學費都浪費掉了。我真是個笨蛋才沒有更用功一點。」你不如說：「我犯了錯，這讓我很不開心。但這件事不能定義我這個人，我可以從錯誤中學習，然後繼續向前邁進。下一次我會表現得更好。」

接受不表示我們要認同發生的事、要喜歡發生的事或者不應該試著去改變，它只代表我們要優雅地和我們實際上無從改變的事共存，把重點放在我們能做的事情上面。

長期來說，如果可以做到**適應**，我們就能從容面對壓力。適應代表要做出更持續性的變動，改變我們的世界觀、目標、認知和期待。假設有一個人是完美主義者，他會永遠緊張兮兮，因為他似乎永遠都無法達到自己的高標準。最好的解決方法不是想辦法成為超人，而是降低自己的預期，擁有更合理且更符合現實的標準。

適應壓力代表我們要改變**自身**，以求更能好好過生活。你要做的就是拒絕涉入令人沮喪的想法，並刻意練習成為一個更樂觀的人。當我們改變自身的觀點，就能看到不同的風景。這是一場「危機」或是一次「挑戰」？如果我們對自己說「我是一個有韌性的人」，比起告訴自己「人生不公平，結局一定會很糟，每次都是這樣」，眼前的阻礙會有什麼不同之處？

當我們學著去適應壓力，就是在想方設法讓自己變得更強大，替自己建構出能帶來力量的世界觀。就像有人習慣每天都列一張「感恩清單」，想想他們在人生中幸運地領受到的美好事物。也有人會每天在心裡默念個人專屬的「密語」，或者對自己喊口號，提醒自己我很堅強，可以安然度過逆境。如果我們整備了強而有力的態度、想法、哲理和抱負當作武器，就可以帶著能因應壓力的自信去面對世界，甚至能成為一個更好的人！

這就是壓力管理的「四A」。當你發現自己有焦慮感時，停下來，逐一檢查並套用這些步驟。無論你所處的情境多讓人緊張，靠著用心當下與事前主動的態度，你總是能找到方法好好面對。遭遇壓力時，你並非全然無助，你有工具可拿來應用！要善用這些工具，則需要具備一些覺察能力。

舉例來說，假設有一位同事每天都讓你緊張兮兮。別對自己說你完全無能為力，任憑情勢壓垮你，反之，你可以做的是，停下來並自問你能不能直接**避開**這位同事？或許你可以改變用餐時間，避免在餐廳撞見對方；或許你可以移到離他更遠的地方工作。但，讓我們假設有個無法避免碰面的週會，且對方經常在週會上打斷你的發言或是偷走你的點子。

你可以想一想有沒有辦法**改變**情境。你能不能不參加這個會議？你能不能私下和這位同事對話，講一講你的顧慮（「最近的會議讓我很不舒服，你打斷我的時候讓我覺得不被尊重」）？你能不能在會議上站出來，宣告你要畫下比較明確的界線，希望發言時不受打擾？如果現實中這些都不可能，那你在某種程度上就要**接受**這樣的情境。你或許可以對好友傾訴你的挫折感，或是體認到這位同事就是愛打斷每一個人，不用再想成對方是針對你，也不用再覺得有壓力。

最後，你可以努力成為一個更有自信、更果斷的人，以適應這樣的情境。當你真心覺得你和每個人都一樣有權利暢所欲言時，你就能更自信地說出：「抱歉，我還在發言」，然後泰然自若地繼續說下去。

練習2：壓力日記與日誌

另一種相當具體的方法也能讓你更能覺察每天經歷到的壓力，那就是把這些都寫下來。想太多的當下，有時候就像幾百萬件事同時堆到你眼前，你很難判斷哪一件才是焦慮背後的真正原因。

二〇一八年，賓州州立大學（Pennsylvania State University）的研究員史麥西（Smythe）等人發現，在線上日誌計畫啟動一個月後，已顯示出正向情緒日誌記錄（positive affect journaling，簡稱PAJ）和強化自我情緒管控、提升幸福感以及減少抑鬱和焦慮徵狀都有正相關性。要做這類的日誌練習，你每天只需花不超過十五到二十分鐘的時間記下創傷經驗，連續做三到五天就好。當你一邊寫，可一邊試著慢慢把焦點放在正面的情緒、也就是好情緒上。你可以使用一些提示，例如：

誰幫了你什麼忙？

有哪些事讓你覺得很感謝？

你的終極價值觀和原則是什麼？

你可以善用正向情緒日誌，來紓解最近和某個人發生的可怕爭執。你可以坐下來，先「發洩一下」你的感受，比方說：「我真不敢相信她竟然這麼說，她都沒想到她的話會傷到我，這讓我很傷心……」然而，當你寫著寫著，你會慢慢開始用比較正面的語句來重新建構這次讓你覺得壓力很大的情境：「我很高興我可以轉身走開並冷靜下來，免得說出我會後悔的話。這一點讓我覺得很自豪。我想，這次的事件有一點好處，那就是我們終於把很難開口的話聊開，我們早該在幾年前就這麼做了。」

透過這種方式，你等於是用你那顆愛反覆芻思的腦袋反覆咀嚼一個讓你壓力很大的念頭，直到事情解決為止，而非只是沒完沒了地想下去！練習著在日誌中和緩地轉移自己的觀點，會漸漸讓你在壓力事件發生、面對刺激的當下也能夠這麼做。上述研究中有一項很有意思的發現：演練此項技巧的人在情緒韌性的評量上得分較高，這也就是說他們更相信自己很堅強，可以從壓力事件中復原。

但，這不是日誌的唯一功用。撰寫壓力日記，也可以幫助你精準找到自己的觸發機制，以及你對於這些觸發點的反應。以此為起點，你可以開始主動地管理自己的壓力水準。

壓力日記其實就是把你經歷的壓力程度以及相關資訊書寫記錄下來，之後你可以進行分析，並據以採取行動去管理壓力。每個人都需要生活中有些壓力，因此，壓力日記也可以幫助我們找到最合宜的壓力區間。

基本的概念很簡單：在每一條目之下，寫下時間和日期，以及你當下的感受。一種常見的作法是採用評分機制（比方說，一分代表完全不覺得有壓力，十分代表壓力爆表），但你也可以使用感覺用語，或是記錄身體上的徵狀（比方說手掌冒汗）。同時也要注意你感受到的成效和益處，這方面亦可使用評分機制。接著，寫下最近發生的壓力事件，以及任何你覺得可能導致你處於目前狀態的原因。最後，寫下你如何因應事件以及整體結果為何。範例如下：

二月四日，早上九點十五分

收到一個讓人憂心的消息，爸爸的肩膀需要開刀。焦慮感約是四分（滿分為十分），有點擔心，也有點疲憊。胃裡有一種很奇怪的糾結感。很難把注意力集中在工作上：工作上的成效約只有一分（滿分為十分）。我想，我會有這種感覺，是因為擔心壞事會發生在爸爸身上。我正在逃避，不想回覆訊息，但我認為這讓我更焦慮了。

每一次你感受到心情變化或明顯焦慮時都寫下來。把壓力日記放個幾天或幾星期，然後再坐下來分析並找出模式：

一、最常出現的壓力原因是什麼？亦即，在你忽然之間壓力大增或心情低落之前通常發生了什麼事？
二、這些事件通常會對你的生產力造成哪些影響？
三、你通常在情緒上與行為上如何回應這些事件？你的方法有用嗎？
四、你能不能找到對你的生產力而言適當且有益的壓力水準？

像這樣分析壓力日記時，你的根據是真實的資料，這些資料將可幫助你做出有見地的改變。你甚至可能會發現一些讓你很意外的事；光是坐下來寫東西的那個當下，你就已經看見明顯的模式浮現出來了。

分析時，要避免做過頭！請記住，撰寫壓力日記的目標不是要揪出自己的錯誤或讓你對於自己發現的事情耿耿於懷，換言之，你不應該做批判。反之，你要抱持和善、好奇的態度，並且打開心胸。想太多的人多半很聰明，但有時候這只代表他們很善於隱藏明顯的事物，讓自己視而不見！

你不需要永久保存壓力日記；事實上，演練過幾個星期之後，這樣的過程會變成自動的機制，你很可能已經培養出在壓力出現當下就能同步覺察的能力。某一天你陷在車陣中，你會注意到每一次塞車時好像都會啟動相同的想法連鎖反應。如果發生次數夠多，你很可能在下一次又碰上塞車時就已經能覺察到這件事，忽然之間，覺察之窗打開了，現在你有選擇了：當你已經很清楚這條路最後會通往何處，你還**想要**繼續陷入相同的想太多路徑嗎？

一旦掌握到生活中引發壓力的真正原因，你就可以使用像「四A」這類的技巧採取一些行動，或者重新安排生活方式與行程，以減緩壓力。如果你注意到所有的壓力都來自同一個人，那你可以針對與此人的關係畫下一些界線。如果你發現自己慣常的發怒反應會讓你更難處事，你可以開始處理你的憤怒問題。如果你的工作一直都是你的憂慮源頭，你可以衡量一下情況到底有多糟，並採取短期（休個假）或長期（考慮換個工作）的相關行動。

前述的格式，並非唯一有用的書寫方式。你也可以用比較一般的日誌，更普遍地探索自己的感受，可以偶爾為之，也可以天天寫。坐下來把事情寫出來，這件事本身就能舒壓，同時也可以幫助你匯聚想法、仔細考量問題、理出心得並處理你正在經歷的任何議題。你大可把日誌當成非正式的心理治療師。

你可以根據你的喜好以及在你所處情境下有幫助的方式，來使用日誌或日記。如果你正在跟低落的心情奮戰，並察覺到自己經常很焦慮，而且已經影響到生活中的一切，你可能會發現感恩日誌很好用。每天列出五件讓你覺得很感恩的事，就算沒什麼大不了，光是早上能喝一杯咖啡或是買到一雙很棒的新襪子這類小事也可以。這會巧妙地轉移你的焦點，讓你去看到你的資源和可能性，並重新建構你的經驗。

如果你現在正在處理一些創傷性生活事件或正在經歷一段艱困的時期，你可能會希望就把日誌當成抒發情緒的出口。把你所有的感受「丟」在紙上，然後好好處理。一旦寫了下來，你可能會自然而然更理解自己，或是找到一些助你向前邁進的線索。

如果你面對的是生活中持續性的壓力，你或許會想試試看子彈日誌（bullet journaling），簡短地寫下幾句話，持續追蹤你的日常目標、優先要務和幫助記憶。簡明扼要有助於你保持井井有條，並且讓你的生活更有秩序。有些人喜歡在撰寫子彈日誌時帶入一些藝術元素，使用色彩和圖像來表達自我，以此激勵自己，鼓動正面的感受。也有些人會使用裡面已經印製好提示的現成日誌。

但，不是每個人都適合撰寫日誌和日記。如果這麼做會讓你的完美主義更嚴重，或者你發現自己糾結在何謂正確的方式，而感到痛苦萬分，那就不要勉強自己寫。日誌只是一種讓你更貼近自身情緒的工具，如果你發現自己更在意的是日誌而非情緒，那你可能要試試看別的技巧。盡量以正面且切實的內容來結束每一次的日誌記錄，比方說引用座右銘、想像正面的事物，或是考慮一些向前邁進的可能性和解決方案。如果你不去確認自己是否有保持正向思考，很可能會開始覺得寫日誌只是引發了更多的不愉快和想太多。

練習3：「五、四、三、二、一」立足當下的技巧

如果把壓力日誌與「四A」技巧搭配運用，可以發揮極大的效果，如果你定期運用的話更好。不過，有時候你需要的是讓你**馬上**就能從壓力情境中脫身的技巧。前面兩種技巧是培養與運用覺察的好方法，但如果你早就已經知道自己的問題何在，這些就不是那麼實用。如果你曾經陷入「焦慮迴圈」裡，就會知道要把自己拖出來幾乎是不可能的任務。

下面這套技巧常被恐慌發作的人拿來使用。這套方法可以讓你先對焦慮迴圈喊停，免於之後的失控。然而，就算你沒有恐慌失調的問題，也可以從中受益。想太多的運作機制，和比較複雜的害怕以及恐懼症的運作機制是一樣的，而且可以用相同的方法來控制。

當中的概念很簡單：當我們想太多、反覆芻思且壓力很大時，是處於**心不**

在當下的狀態。我們會反覆琢磨過去的想法或撥弄未來的可能性。我們會去想「如果這樣會如何」，讓心思在各種記憶、念頭、可能性、希望與恐懼間疲於奔命。如果我們能讓有意識的覺察**回到當下**，就可以止住一部分的多慮；而我們可以透過覺察五感來辦到這一點。換句話說，大腦可以帶你到任何地方，但身體（以及身體感官）永遠都只會在一個地方：當下。

在恐慌時，就算實際上我們安全無虞、身處的直接環境裡沒有任何威脅，我們仍會陷入念頭與想法當中不可自拔。**當恐慌來襲，我們可能正平靜地安坐在某個陽光灑落的花園裡，卻感覺自己就要死了。心智的力量就是如此驚人！**

下一次當你感受到焦慮，且恐慌迴圈已經失控，請試著這樣做：停下來、深呼吸、看看你的四周。

首先，找到環境中眼睛所見的五件東西。你可以把目光落在角落的檯燈、你自己的雙手或是牆上的畫。花一分鐘好好看一下這些東西，察看其紋理、顏色和形狀。慢慢來，仔細端詳物品的每一寸，全部看進眼裡。

- 接下來，試著找出環境中你可以感受或觸摸到的四件東西。抵著椅子感受一下你身體的重量、感受一下身上外套的紋理，或者伸出手去摸一摸，感受一下車窗玻璃從你指尖傳遞過來的冰涼與平滑。
- 接著，找出你可以聽見的三件東西，像是你自己的呼吸聲、遠方的車聲或是鳥叫聲。
- 然後，去找兩件你可以聞出味道的東西。這一開始可能有點困難，但如果你留意，就會發現每一種東西都有氣味。你聞得出自己身上的肥皂味，或者書桌上的紙張隱約散發出來的泥土味嗎？
- 最後，找一樣你可以嚐一嚐的東西。可以是你舌尖殘留的咖啡餘韻。就算你什麼都找不到，也可以花一點時間專注於你的味蕾。當你停下來好好覺察時，你的味蕾真的是「關閉了」，還是說，你的口腔幾乎已經有了屬於自己的滋味？在這裡停一下，試著探索，探索自己的感官。

從表面上來說，這項演練的重點是讓你分心。當你的感官很活躍，大腦就會投入別的事，把永無止盡的反覆芻思放在一邊，從而制止了你的想太多。你打亂了自己的思路，從而阻止發散的想法。常常練習這項技巧，你將注意到這可以讓你馬上冷靜下來、慢下來。

恐慌的時候，你可能不記得順序是要先看或先聽，這不重要，重點是，你讓自己完全且專注地把注意力放在自己以外的事物上，讓焦慮的能量消散。光是說「我想我不應該再想下去了」很難停止你的想法，很顯然地，因為這本身就是一種想法。但如果你可以讓大腦暫停，花點時間重新打開你的感官，你就可以把自己從憂慮的軌道上拉出來，讓自己有那麼一刻可以身在當下、平和冷靜。

你可以這樣想：你的意識一次只能做一件事，要不就想個不停，要不就透過感官沉浸在當下，這是個二選一的選擇題。如果你可以運用你的感官拴住意識回到當下，你的心就比較不會同時間到處奔波，焦慮地想個不停。

如果前面講的這些聽起來很複雜，當下很難回想起來，那請試試看這麼做：如字面上所言般腳踏實地。研究人員基坦・夏維爾（Gaétan Chevalier）發現，「腳踏實地」，也就是人體真正與地面相接，會為心情帶來神奇效果。夏維爾請參與研究的受試者把雙腳或身體與地面相接，維持一個小時，之後對他們做測試，發現與同樣花了一個小時參與研究、但身體並未接觸土地的人相比之下，接地氣的群組自行提報的心情和幸福感都提高了很多，且在統計上具有顯著性。光靠這種接地氣的方法雖然並不足以對抗比較嚴重的焦慮失調症，但這無疑是一項振奮人心的發現。如果可以的話，試試看在戶外打赤腳、踩在土地上演練前面說的「五、四、三、二、一」技巧。

練習4：敘事治療與外化

我們要討論的最後一種技巧出自於敘事治療（narrative therapy）領域，這個領域探討我們通常如何用故事、或者說敘事來建構自己的人生。人類會創造意義，我們藉由訴說我們這個人是誰、人生中的種種事件代表了什麼來賦予意義。利用敘事療法，我們可以在本質上重寫這些故事，找到療癒之道，嗯，然後就可以永遠幸福快樂啦！

我們已經談過，克服焦慮的一大重點是要檢視自己的心理模式，針對我們希望如何經營生活有意識地做出選擇。當我們成為自身故事的敘事者，我們就能掌控、重構，而且有能力賦予新義。敘事療法背後的宗旨是，人可以和自己的問題切割開來，而這的確就是一種廣受歡迎的「外化」（externalization）技巧的基礎。

所謂外化，就是指把問題**放在外面**。亦即遭遇問題並不代表我們本身是錯的、不好的，我們不要因為碰上問題而去批判或責怪自己。儘管如此，我們確實有能力去改變我們談論自己以及人生的方式，我們可以做出有意義的改變。因此，對於想太多，很重要的一大步是說出：「想太多是一個問題，我會找到解決方案」，而不是說：「我是一個想太多的人，這很糟糕，我必須想辦法來自我矯正。」同樣重要的一大步是明白事實上在掌控的人是你，你是自身經驗的**作者**。其他人不可譴責我們的認知，同樣道理，他們也無法拯救或教育我們；我們是自身經驗的專家。

人的心智模型會有一些特定的模式或是過濾機制，或者說是重複的基調。如果你的人生是一部電影，那麼，這會是一部什麼類型的電影？你向來扮演什麼角色？你的故事又會怎麼展開？當我們可以明白自己的詮釋和建構方式對經驗的影響，就得到了為自己改造經驗的能力。舉例來說，想太多的人通常覺得自己無能為力，但如果他們能改寫故事，視自己為肯負責且有能力的人，那會如何？

讓我們回到外化這個主題。你並不是你面對的問題，你並不是你遭遇的失敗。如果你在自身以及人生挑戰之間拉開一段距離，你就可以找到更全面的觀點，理清當下的體驗並從中找到自我認同與自我價值感。一片雲不代表整個天空，我們遇到的問題也不能定義我們這個人；這些問題都會過去，而我們有能力掌控自己如何回應這些問題。

如果你覺得快要承受不住了，對自己多唸幾次以下這句箴言會大有幫助：「**我這個人不等於我的問題。**」你也可以改變你的用詞，不要說：「我是一個很焦慮的人」，改說：「我現在感到焦慮」，甚至可以說「我注意到我有一點焦慮。」我們可以透過很多方式在自己與問題之間拉開距離：

- 使用前述的日誌或壓力日記的類似技巧。把腦子裡的焦慮拿出來，寫在紙上。你可以把這張紙燒了、揉掉或是丟掉。從文字上看見問題和你這個人是分開的，從一定距離之外，你可以採取行動來對問題做出改變。
- 善用視覺化和想像。把你的多慮想像成身體裡的一股氣，你用力把這股氣吹成一個大氣球，然後想像氣球飄了起來並遠離你，愈來愈小、愈來愈小。真心享受你不用完全**認同**你的憂慮的那種感覺，有時候，你可以把憂慮放下，走到一段距離之外去尋找更全面的觀點。想像氣球就這麼從視線消失，帶著你的憂慮隨風而去。另一種技巧，是在上床睡覺前想像你把憂慮鎖進保險箱，並告訴自己：「如果我想要的話，之後隨時都可以打開保險箱把這些拿出來，但現在我要先睡了。」

如果你想要的話，也可以善用創意來把問題外化：把你的問題寫下來、勾勒出來、畫下來、唱出來，甚至可以用舞步跳出來，真正把這些問題拿到你的身體之外。有些人會替自己帶有批判性或是過度偏執的內在聲音取個名字，這樣一來他們就可以說：「喔，對啦，這不是**我**，那是無聊的佛瑞德又跑了出來，跟平常一樣又想太多了。嗨，佛瑞德！」

敘事治療中採用的另一種技巧是解構（deconstruction）。當你想太多，會有的感受之一就是快受不了了：你的腦子裡同時有一百萬件事，每一件事都以時速一千英里的高速運轉，你根本不知道你要從哪裡下手處理哪一件事。然而，故事有一個優點，那就是情節都有先後順序，是一個步驟接著一個步驟。如果我們感覺到自己已經迷失在反覆芻思當中，就可以利用故事幫助我們把可怕的大問題分解（或者說解構）成比較簡單的小問題。

故事是一種用來做整理的好方法，可以讓事情慢下來，也可以提醒自己你有控制權，可以決定如何傾注你的注意力、要關注的是什麼地方。你無法一次檢視**所有事情**，若這麼做，通常會讓你在面對排山倒海而來的想法時覺得很無力、很渺小。但，就像任何好故事一樣，你不用馬上就把來龍去脈講得清清楚楚，也不用一下子就解決所有問題。有些方法可以讓你解構自己的生活：

如果各種事讓你焦頭爛額，請停下來，強迫自己把焦點放在此時此刻最重要的**單一事情**上。如果你正對於明天、明年或不管何時可能發生的事小題大作，請把這些憂心放在一邊，僅去看以今天來說很重要的事、甚至僅去看以此時此刻來說很重要的事就好。問問自己：下一步我能做什麼？不要擔心之後的二十步，只專心踏出下一步就好，然後，你就可以從這裡再出發。

如果你發現自己又回想起讓人難過的回憶，花點時間慎重地整理出你的個人史，甚至你可以寫下來或製成圖表。把事件分解成片段，從中尋找把這些片段串接起來的主題、模式和脈絡。看看當下和過去有何關聯，然後自問你可以怎麼做以掌控你自己的敘事。舉例來說，如果你一直為了過去犯的錯而難為情，你或許可以建構一個故事，在故事裡的你並不是一個做錯事的笨蛋，你年輕而且還在學習，你在成長過程中不斷地愈來愈好。現在，你會把你感受到的尷尬當成自己已經更加成熟的證據。你可以看到**全貌**了：這是一個關於成長與進步的故事。與其動不動就為了五年級時講出的一句羞辱人的話而痛苦糾結，這是否讓你覺得比較好受了呢？

焦慮和多慮總是有辦法讓我們的注意力「斷裂」，引發混亂和困惑。然而，當我們解構這些想法，就會看出其中很多不過都是雜音，我們不必迎合。你主要的擔憂可能是你的健康，但從這一件事會岔出一百萬個其他想法，比方說擔心失業、死亡、醫藥費很昂貴等等。解構這些想法的意思，就是你要自問：「這些想法背後真正的重點是什麼？」然後把那些讓你脫軌、分心的想法區分開來，接著，你就可以真正做出一些有意義的改變。

精華重點

☆我們已經知道什麼叫想太多，接下來就要知道該如何克服。有很多很簡單但很有效的方法都可以減壓，讓焦慮、多慮的心思冷靜下來。

☆你要記住的第一道咒語是壓力管理的「四A」：避開（avoid）、改變（alter）、接受（accept）和適應（adapt）。避開，是指面對你無力改變的事物，直接走開就好。有些事根本不值得你花心力，最好是把這些東西從我們所處的環境中完全移除。然而，如果無法避開，就必須學著改變環境以消除壓力源。如果無法改變環境，除了接受之外，我們也別無選擇。最後，如果我們對於情境沒有太多施力點，就必須適應並學著如何面對壓力源，把可能的損害降至最低。

☆另一種很受歡迎的技巧是使用日誌記錄。想太多時，會有大量的想法在腦裡打轉，讓我們難以招架，但，當我們有系統地把這些想法寫下來，就可以去做分析與評估，看看這些想法是不是真的有價值。若要養成寫日誌的習慣，你可以隨身攜帶口袋型日誌，覺得有必要時就寫下來。

☆我們的第三套技巧叫「五、四、三、二、一」技巧。這套技巧藉由運用五種感官來發揮作用，在遏止恐慌發作上相當有效。因此，每當你覺得恐慌感快要壓垮你時，就去找找看你身邊可以看到的五樣東西、可以觸摸到的四樣東西、可以聞到氣味的三樣東西、可以聽到聲音的兩樣東西以及可以嚐到味道的一樣東西。運用你的感官可以讓大腦分神，不再繼續想太多。

第二章

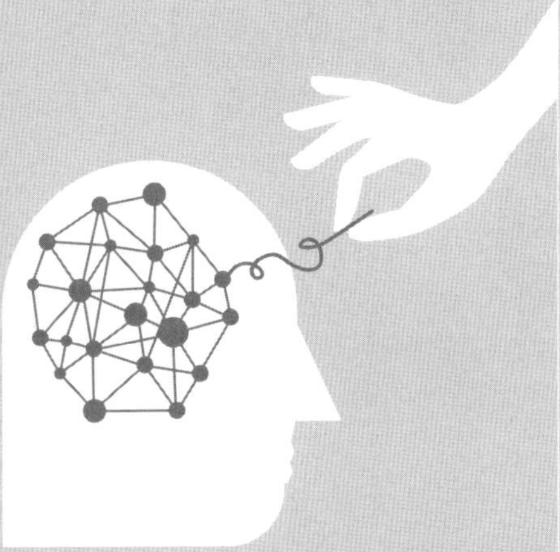

當你的焦慮來自於時間管理不當

蘇西今天有很多事要做。她看了一下自己的行事曆，帶著一點恐慌想著自己哪有辦法把所有事都做完。她的同事看到她緊張過了頭，又陷入了焦慮性的想太多，就站出來給了她一個建議：何不趁午休做一點冥想？現在已經證明冥想可以減壓，對吧？但開始冥想五分鐘之後蘇西在內心開始大叫，她發現她現在能運用的時間更少了，而且她根本無法專注，因為她一直想著下午兩點半還有個約……

如果我們的壓力源頭實際上來自於時間管理不當，很多人建議的典型放鬆技巧通常沒有幫助。只有兩件事能為蘇西帶來好處：有個什麼神奇的方法讓一天多出幾個小時，或者，一份能把時間管控得更好的行程表！冥想、伸展等活動雖然可以幫助我們因應眼前無可逃避的壓力，但我們也可以藉由把時間管理做得更好，一開始就把壓力降到最低。本章的重點就在於介紹一些明智且經過驗證的技巧，幫助你好好掌控時間。

練習5：時間管理入門課

對很多人來說，良好的壓力管理事實上就等於良好的時間管理。如果你發現自己為了時限感到焦慮，覺得自己總是來去匆匆、瞎忙個不停或感到不堪負荷，那你從時間管理策略中得到的益處，很可能會大於以放鬆為直接目標的技巧。

《歐洲教育心理期刊》（*European Journal of Psychology of Education*）發表了一項研究，試驗性地指出在學業要求維持不變，而時間管理技巧有所進步的情況下，大學生的壓力水準亦可能降低。他們發現，關鍵是，即使實際上的時程表並未改變，但**認知到**的壓力下降了。在二〇二一年美國公共科學圖書館（PLOS）一項整合分析研究中，布萊德．艾恩（Brad Aeon）和同事確實發現妥善管理時間能強化工作表現並提高成就，但其最大的好處是提升整體的幸福感和生活滿意度。

回過頭來說，時間管理通常歸根於一項很基本的技能：找出你的優先要務，並以優先事項導引你設定目標。當你能做到這一點，你就更覺得自己做起事來得心應手、可以掌控全局，當不可避免遭遇挫折時，也能間接地增強你的韌性。同樣地，這說到底也都和覺察與心態有關。

如果你認真想一想，就會發現一件很奇怪的事，那就是很多人在生活中都**視壓力為優先要務**。我們把全部的時間拿去從事會讓我們心情更糟、覺得焦慮甚至被剝削的活動，把休養生息和靜心沉思放到最後面，前提還是我們如果有想到這些事的話。你上一次刻意優先考慮休息和放鬆是何時的事？如果你跟多數人一樣，想必永遠把困難的工作放在前面，別的事都只能分到零星的時間和精力。之後，你很可能像蘇西一樣，拚了命想要把有益健康的冥想課擠進行程表，但是到最後只是更討厭這件事，因為這變成只是在待辦清單上又增加了一件事。

有一種心態上的改變，是把休息和放鬆當成值得你關注的要事，而非一天下來比較重要的事情忙完之後有空才去做的事。達成的方法之一就是排出休閒活動的時間，或者單純挪出一段你什麼都不用做的時間。正向態度是你人生中最寶貴的資源之一，所以，何不善加運用，事先主動醞釀美好的心情？

想太多的人時有責任心過頭的問題。他們很可能無意識地輕忽自己的幸福或快樂，認為人生中所有重要但讓人不愉快的工作都要優先處理，放鬆則是難得的特別待遇，要把待辦清單中所有其他生活要事都完成之後才有資格享受（意思就是永遠不可能）。

壓力管理的重點在於消除不必要的壓力源，也在於事前主動挪出空間，容納我們在生活中可以好好享受的事物，讓我們煥然一新，重振活力。你可以用讓你覺得很享受的事物展開你的一天，而非一大早就跳進苦差事和讓人壓力很大的任務裡。養成每小時休息十分鐘的習慣，喝杯咖啡或花草茶、伸展一下，或隨意散散步。讓你的每一天都有所期待，和你關心的人以及能為你的人生增加光亮的人保持聯絡，花點時間笑一笑、玩樂與開開玩笑，單純為了讓自己開心而去做點什麼事。

你已經知道你需要在生活方式上做哪些改變，才能讓身體健康並減少壓力：好好睡覺、減少咖啡因的攝取、運動、均衡飲食，凡此種種。但，你的社會面、情緒面與精神面的健康也很重要，如果你不特意花時間在這些面向上，就不會有船到橋頭自然直這種事。

還記得蘇西嗎？她每天早上坐下來寫出她的待辦事項清單，努力完成行事曆上所有重要的任務，但講到運動、花時間和家人朋友好好相處或是去做自己喜歡的事，這些全都被她放在清單的下方又下方，所以她從來也沒去做。她其實可以反向操作，把人際關係、身體健康和享受當成人生的重點，那麼，她就會每天花一點時間去做這些事。如果一天的時間不夠多，沒辦法**同時**做完這些事和她的工作呢？這代表她的工作不適合她。

時間管理並不是表面上把每天的工作都解決掉就好了，而是一套大方向的架構，用來組織你的整個人生與管理你的生活，讓你把資源和精力花在最重要的事務上。重點不是盡你所能在一天的時間裡塞進最多工作，而是在於平衡，並且要知道什麼樣的比例和優先順序能反映你的價值觀，據此來檢視你的人生。

我們就老實說吧：總是會有什麼事情需要你去注意、占用你的時間。我們得意識到駕馭人生方向的主控權在我們手上，才能盡量善用自己擁有的時間和精力。以下有一套很好用的通用架構可以幫助你做到：

一、決定你人生的價值觀與優先要務。對你來說，最重要的三件事是什麼？

二、花一個星期觀察你如何運用時間。以小時為單位，記錄你把時間拿來做什麼事。

三、分析以下的數據：你在哪個地方花掉最多時間？在哪個地方花了最少時間？最後，看看你實際上運用時間的方式是否反映出你的價值觀。比方說，如果你最在意的是家庭、創立自己的事業和保持體態，那麼，你把九成的清醒時間都只花在工作上，這樣合理嗎？

四、以你的價值觀和原則作為指引，重新設計你的行程表，以求更能反映你的優先要務。

五、再次觀察，看看你的表現如何？哪些作法有用？你還能做哪些調整？

舉例來說，你可能會發現你非常重視獨自思考的時間、享有獨立性，以及展現創意和從事藝術創作的機會。觀察自己一個星期之後，你注意到你的清醒時間很少花在這三件事，大部分時候你都在瀏覽讓人分心的媒體，還要加班應付要求很多的客戶。

就你來說，壓力管理這個問題，絕不是學著如何每天在生活中挪出時間使用社交媒體與看電視，也不是找到新方法來安撫咄咄逼人的客戶，反之，你的壓力管理會比較像是溫和地限制你的生活，多做一點讓你開心的事，少做一點讓你不開心的事。你或許可以執行「下午五點以後在家不用手機也不看電視」的規則，或者設定「目前已下班，人不在辦公室」的自動回覆郵件，來回應不斷挑戰你底線的客戶。

談時間管理卻不知道自己的目標與優先要務是什麼，等於毫無意義。時間管理做得好不好，完全取決於你能不能得到想要的結果，為此你要先知道自己最重視的是什麼。先謹記你的價值觀，你才能開始決定什麼事很重要、什麼事不重要，換言之，你才能把活動和任務排出高低次序。

讓每一天都從你的優先要務展開序幕，你要把最多的注意力、時間和資源花在這些事情上。早晨，寫下今天的待辦清單，花點時間檢視各個項目並排出次序：**緊急的**、**重要的**或**不重要的**。緊急事項是當天必須完成的事，具有優先性；拖延這些工作會替你招來壓力。重要的任務可能不那麼緊急，通常包括一些「維持生活」的任務，如果不做完會造成問題，比方說倒垃圾。

不重要的事代表可以等，或者不具有優先性。你可以決定自己要怎麼排序，並自行定義「重要」對你來說究竟是什麼意義；記得先自我釐清這些定義，然後才替每一項任務貼標籤。有些人發現，限制緊急或重要任務的數目很有用，也就是說，他們會問：「今天有哪三件事是我的焦點所在？」接著他們就會放掉其他比較不重要的事項。

有幾項祕訣、招數與技巧可以用來詳盡管理你的時間，也有很多為協助增進流程效率而設計的聰明應用程式與方法。不過，只要你能遵循上面所說的基本原則，就可以讓你的時間好好為你效命。良好的時間管理習慣將能反映出你獨一無二的生活方式與目標，但，請謹記以下這幾點：

- 把東西寫下來會更具體：編製一份待辦清單、行事曆、時程表，或用任何其他具體形式來標記你的每日目標並追蹤其進展。
- 把大型任務拆分成小任務；在通往主要目標的路徑上設定一些小目標。
- 比起思考結果，更要思考過程。比起聚焦在如何速成與滿足你的完美主義，當你把重點放在養成有益的日常習慣，長期下來你能得到的成果會更多。
- 要習慣對不重要的事情說「不」。把工作交辦出去或是劃出界線請別人尊重你的底線，是可以被接受的。
- 持續地把你的行動與你的大目標拿來兩相比對，並自問：這麼做會讓我離目標更近或更遠？接著，根據你的答案行事。

當然，這樣講起來會顯得時間管理很簡單；**確實**很簡單，但未必很容易做到。就算我們知道有更好的方法，有時候仍會緊抱對我們不利的舊有行為模式。然而，如果我們知道這些障礙在哪裡，就可以事先排除或者繞過去。為何有些時間管理技巧對某些人有用、對某些人沒用？嗯，這是因為每一個人都不一樣，每一個人面對的挑戰也不盡相同。

時間管理不只是技巧而已，還涉及個人的時間管理風格和個性。人們如何管理（或者無法管理）自己的時間，歸根究柢很可能和個人史與個性中某些獨有的差異有關。

舉例來說，有一種人是**時間烈士**（time martyr），他們會對別人的要求照單全收，承擔太多的義務和責任，然後因此受罪。比方說，就算你知道你要瘋狂地趕來趕去才能達成任務，你還是同意在一天內分別和三個朋友碰面。一日將盡時，你已經耗盡心力，並且發現自己已經觸動機關進入想太多的模式（「我是不是在道別時對朋友有點不禮貌？我可能太唐突了，他一定注意到了，現在可能在生我的氣……」）。

如果你是這樣的人，你對於自己的忙碌可能會生出一種表面的自豪感，但是你忙的都不是對你真正重要的事。對你來說有用的技巧，是可以避免分心與一心多用的方法，比方說嚴格的時程表，或是限制一天只能做三項主要任務。

拖延症患者（procrastinator）面對的是不同的挑戰：他們什麼事都拖著不做，直到來不及為止。有些壓力是好的壓力，但對拖延症患者來說，焦慮只會讓他們雪上加霜。你可能不認為因循拖延和想太多之間有什麼關係，但請想一想，一個人把他們明知道應該要做的工作往後拖時，壓力不就會因此產生嗎？

如果你有拖延的毛病，把事情分成幾項比較小的任務，並在你達成每一個小里程碑時獎勵自己，可能對你有益。

容易分心的人（distractor）都擁有類似的問題：他們會開始做，但常常被其他的事干擾而偏離正軌，發現自己的注意力已經不知道跑到哪裡去了。分心和想太多通常會彼此強化，一發不可收拾。對於有這種傾向的人來說，有用的辦法是訂下更強硬的界線，並更認真思考工作環境的安排。例如，你可能會決定把辦公室大整理一番，並堅定地畫出界線，在某些工作時段不接受打擾。這麼一來，那些冒出來引起你注意、觸發壓力與多慮的事情會大幅減少。

想得太簡單的人（underestimator）錯估了完成工作所需的時間，他們估算的時間比真正花掉的時間少很多，他們的估計太樂觀了，以致於錯過工作時限。在這種情況下，時間管理的根本重點是要騰出一段充裕的時間，按部就班執行專案，讓你有時間更務實地去評估整個工作流程。這是相對容易修正的問題，但如果不解決會導致大災難。

救火隊員（firefighter）永遠處於要隨時做出反應的心理狀態，當碰上危機時，他們不僅要到處去滅「火」，還要像耍特技一樣兼顧一千件事。為了預防職業倦怠，這樣的人要學會更有效地把工作交代下去，並更明確地把重要和緊急的事情區分開來。

不斷衝來衝去解決問題可能是一個信號，代表在早期階段你沒有把該做的事做好，放任事情失控，到頭來你要掌控就更難了。想一想，假設有個人因為對問題 A 感到恐慌而嚴重受到干擾、覺得快要崩潰了，以致於完全忽略了解決問題B該做的重要工作，就這樣又替自己找了麻煩。他們還沒有好好解決問題A，就又轉身去處理問題B，同樣的情節再度上演……

完美主義者（perfectionist）和拖延症患者一樣，都不能好好把事情做完，因為他們怎樣都無法達成想像中的完美結局。然而，事實是所謂完美主義通常是藉口，用來隱藏當事人害怕完成工作後要被打分數，或是無法容忍在學習過程中僅得出一個「夠好了」的結果。這種人會花很多時間去思考什麼才是完美的生日禮物，到最後決定時已經來不及送了。劃定界線、務實規劃和交付工作，都可以幫上你的忙。

不管你是從上面的一個或多個例子中看到自己，或是認為自己的時間管理風格截然不同，了解你現在的行事作風都會很有幫助，讓你可以採取行動改善問題。注意到模式之後，請自問：現在是什麼因素阻礙我把時間管理得更好？畢竟，不管是哪一種時間管理技巧，只有真正在**你的生活**中發揮用處時，才叫有用。

管理時間、精力和輸入項

且讓我們進一步仔細檢視相關策略，以幫助你克服你獨有的時間管理問題。請記住你自己的時間管理特質和生活方式是什麼，然後試試看以下的方法是否合適。

練習6：艾倫的處理輸入項技巧（Allen's Input Processing Technique）

這套技巧適合拖延症患者、救火隊員和容易分心的人，還有任何想要在這個資訊飽和世界裡順利悠游的人。在這套技巧中，廣義地將數據稱之為「輸入項」，指的是環境中的任何刺激：會議、電子郵件、來電、社交媒體、電視、其他人等等。你要如何回應這每一項冒出頭來要求你注意的小誘惑？艾倫這套技巧的見解是，如果沒有事先規劃好，那你做出的回應往往差強人意。

有了計畫在先，你就不用浪費寶貴的時間和精力在每一次出現新的輸入項時加以審視；你可以快速做出決定，並回去處理真正重要的事情。首先，觀察你的日常生活，看看能否找出主要的輸入項。這些輸入項是什麼其實並不重要，問題在於這些東西會瓜分你的注意力。接下來才是重點：你要如何回應？

你要因為這個輸入項的出現而做些什麼嗎？

你需要決定這個輸入項是否有回應的必要，是，或者不是。如果答案為否，你可以先擱置，或者就直接忽略；如果答案為是，那你就要有所行動。聽起來很簡單對吧？問題是，任由輸入項愈積愈多會造成你的壓力。比方說，你收到一封信，你打開信，然後放到一邊。你之後又打開再讀一遍，又放到辦公桌另一邊。在你真正做點什麼之前，你可能已經把注意力轉向這封信四、五次，而在這整段時間中你都因為這封信而隱隱感到壓力！這遠遠不如直接拿起信然後立即做個決定：也許你判定應該把這封信丟進垃圾桶，就這樣結案了。你的工作環境更乾淨了，你的心思也是。

如果你必須做點什麼，請自問需不需要**馬上**就做。緊急的任務就立即完成，但如果之後才要做，別只是擱在一邊，因為事情會在你心思的角落揮之不去。你可以立刻把完成這項工作的時間排進待辦清單中，或是設定提醒。確切定下自己要做什麼、何時做，交代給別人也可以，之後，就把這事拋到腦後。手機的備忘錄應用程式或行事曆可以幫上你的忙，但最重要的是你要堅定一致。

其背後的概念是，如果你這樣簡化處理程序，就能空出你的注意力和精力，並讓你覺得平靜，覺得更有掌控力（你也確實有！）。你不再那麼多慮，因為需要想的事情沒這麼多了，整體上你會覺得事情沒有那麼讓人難以招架、那麼混亂了。

你需要堅定一致。隨時掌握狀況，拒絕讓工作堆積如山。你要迅速抓住任何要求你分心關注的新問題，及早判定要如何做：查看朋友傳給你的連結是此時此刻的優先要務嗎？銀行寄來的這封電子郵件重要嗎？你沒有牛奶了，處理這個問題最快速的方法是什麼？

忙碌的人有時候會做出於己不利的事：他們太過慌張，因而拖延了重要的任務，之後演變成攸關生死的危機；比起問題剛出現時就快速處理妥當，這樣的後果帶來遠遠更多的壓力。

練習 7：艾森豪法（Eisenhower's Method）

前述的方法可能已經說服了你，使你認同好的時間管理最終都關乎理解自身的優先要務，並讓這些優先事項導引你的行動和目標設定。接下來要說的方法很適合救火隊員、完美主義者和時間烈士，當我們實際上缺乏時間或資源好好完成任務時，這套方法可以迫使我們有效率地把事情做完。

想太多的問題很多時候來自於許下太多承諾、但可用的時間或資源太少。這會引發壓力，回過頭來助長想太多。就算我們無法避免時間上的壓力，絕對可以改變情境或是讓自己去適應。遺憾的是，很多人的確都有時間太少、事情太多的問題。前美國總統艾森豪（Eisenhower）有一套「緊急／重要」的技巧可以幫上忙，讓你區分出哪些是真正重要的事，哪些又只是干擾而已。

重要的任務指的是完成後能讓我們更接近目標的任務。

緊急的任務是需要馬上關注的任務，如果不這麼做就要付出很大的代價。

救火隊員在心態上通常沒有這樣的分別，因為，不管是不是真的緊急，他們把**每一項**任務都視為緊急情況。開始實行這套技巧時，你可以先用一天或一週為單位列出今後的任務和活動。從以下四個標籤當中擇一，標在每項任務上：

- 重要且緊急
- 重要但不緊急
- 不重要但緊急
- 不重要也不緊急

接下來，根據上面的順序，為這些任務排出次序。

重要且緊急的任務：馬上去做。這些是你的優先要務。每天都排定一點時間留給無法預見的這類事件是個好主意，但如果發生次數太頻繁就要重新評估，然後再看看你可以怎麼樣安排。

重要但不緊急的任務：決定什麼時間要做這些事。這些任務對你的長期目標來說很重要，但不見得是需要你立刻著手的緊急大事。像日常運動、安排預算、維持人際關係等等，這些需要勤謹的努力，但至於**何時**去做，你則有一點彈性。讓這些變成緊急的事是你最不希望看到的，因此，請在那之前就把事情完成。想辦法排定例行活動，你就不需要多費心思，例如每天早上慢跑、每個星期天傍晚處理預算或是每週打電話給媽媽。

不重要但緊急的任務：試著交代出去。這些是會壓著你的事情，但既不會讓你的人生更豐富，也不會讓你更接近目標。最好能重新安排時程或是把工作交代出去，讓你可以把時間花在和你的目標有關的事物上。設下合宜的界線，並拒絕做出不必要的承諾。

不重要也不緊急的任務：刪掉！沒必要把時間精力浪費在這些事情上面，

直接跳過或是盡快結束並向前邁進，如果可以，未來盡量降低這些事情出現的頻率。無意義的網路瀏覽、垃圾電視節目、電玩遊戲和無腦使用社交媒體等等，都屬於這一類。

運用這套技巧，不代表你就永遠不會碰上需要趕時間的狀況，也不代表免於承擔責任或永遠不用為了某件事推遲另一件事。但這方法確實能賦予你主控權去訂出優先順序並安排這些任務，這表示你比較不會慌張，也就比較沒那麼焦慮。請記住，**你愈感覺到自己有主控權，就愈不會想太多或過度分析**。這可幫助你對著不重要的事把話說清楚：「我現在要把你忘掉，因為對我的長期目標而言，你並非必要，而且你也不緊急，我現在要去關注別的事了。」

你可以利用這套技巧評估你的整體安排，或是評估比較短期的每日待辦清單。當你逐項處理任務時，請自問：

- 我在這方面一定要做到最好，還是說，最好的其實是把這項任務刪掉？
- 這項活動能讓我朝向目標邁進、契合我的價值觀或者符合我的理想自我版本嗎？
- 即使我需要現在就去做這件事，我需要現在做完**全部**嗎？任務中真正重要的是哪一個部分？

練習8：設定SMART目標

某種程度上，你可能已經很熟悉一個概念：好的目標是具體且有時限性的目標，也就是所謂的SMART目標（SMART goal）。在珍恩・歐妮爾（Jan O'Neill）的經典作品《SMART目標的力量：善用目標來強化學生的學習》（*The Power of SMART Goals: Using Goals to Improve Student Learning*）裡，她探索了相關證據，檢視明確、可達成目標與可衡量成就之間的相關性。歐妮爾與幾位教育專家一再地發現，設定具體目標的必要條件是要專心聚焦，是否具備本項特質是預測個人成就的最重要單項指標。一般認為勵志演說家東尼・羅賓斯（Tony Robbins）是說出以下這段名言的人：設定目標「是化無形為有形的第一步」，換言之，設定目標讓我們能實現潛能。

然而，在想太多這個問題上，我們去看設定目標這件事，看到的就不只是能幫助我們成功的力量；設定目標很重要，是因為焦慮和芻思有一大部分來自於不確定、情況不明朗和過多可能性。而我們愈是事前主動和未知交手（亦即，藉由設定目標以形塑未知），愈能感受到握有主控權。如果一個人不確定自己要走什麼路與抱持什麼價值觀，即便壓力水準很低，都很有可能覺得不知所措、焦慮不已；相對之下，當一個人很確定自己想要什麼以及為什麼想要，顯然就更能放手一搏，並順利通過無數挑戰與挫折的考驗。

我們知道，目標的存在可以克服混亂和讓人分心的事物，讓我們的人生更清晰、更聚焦。但光是知道自己的價值觀是什麼，並不足以設定出好的目標，你還要確保自己盡其所能設定了最有可能達成的目標。SMART目標是一張地圖，讓你知道自己目前所在位置，以及如何走到目的地：

S代表具體（**specific**）：藉由精確的定義來減少讓人分心的事物。訂定目標時盡可能清楚明確。不要只是說未來將會怎樣，要明確地說你將做些什麼，而且要詳細。

M代表可衡量（**measurable**）：好的目標要可衡量或可量化，結果不可模糊不清或能夠任意解讀。請試著為這個問題找出答案：「我要如何知道我達成目標了？」

A代表可達成（**attainable**）：這表示目標對你來說、在你所處的情境之下是務實的。目標可以激勵我們超越自我，但必須是可能做到且合理的。

R代表相關（relevant）：這項目標真的展現出你的整體價值觀嗎？小目標與大目標是否互相契合？在脈絡之下合理嗎？

T代表有時限（time-bound）：設定欲達成目標的最終期限，或是列出某些時限。那些設定成「總有一天」要達成的目標，則永遠都不會實現。

以下是一個很糟糕的目標設定範例：「我想變得更健康一點。」同樣一個目標，我們可以改寫以滿足每一項SMART標準：「我要努力讓我的整體飲食更均衡，其中，我希望每天至少吃五份不同的蔬菜水果（每一份為八十公克），我希望在這個月剩餘的時間裡每天都能做到。」

改寫後的範例，目標很具體（每天吃五份不同的蔬菜水果）、可衡量（我們可以追蹤八十公克這個數值）、可達成（這不算非常不切實際）、具相關性（很符合要做到更均衡飲食的大目標）而且有時限（短期來看是每天，長期來看是要執行到月底）。

在當下看來，訂定ＳＭＡＲＴ目標並不會改變眼前任務的難度，但確實**能夠**幫助你形塑並定義你的願景，讓你在行事時更有效率。ＳＭＡＲＴ目標能協助你更細心思考自己正在做什麼、要如何著手。有太多人在展開新任務時對細節思考不足，計畫很快就分崩離析，到頭來只是讓自己失望。訂出ＳＭＡＲＴ目標，基本上你就是畫出一條從現在到未來的路線，當你有明確且合乎邏輯的計畫時，所做的每一件事都在幫助你邁向成功。

把目標真正用筆寫下來，感覺有點多餘和陳腔濫調，但請實際試試看，你會很意外地發現原來你的願景非常不明確。請誠實地自問：模糊又發散的目標是不是讓你的生活更加緊張，是不是替你招來壓力和緊繃，又讓你不太知道該如何化解？

稍微把目標緊縮一點（反之，如果你訂下的是完全無法達成的目標，那就鬆綁一點！），你就會發現，事先找到明確且適當的焦點，把注意力匯聚在重要的事物上，能讓你更下定決心達成目標，而且，壓力不會這麼大。

練習 9：看板法（Kanban Method）

我們說的這些方法大多是根據同一項基本原則：你愈是盡可能清空腦子裡的資訊（這也代表，你能更有條理且效率更高），你就愈沒有東西要擔心，就愈不會想太多。看板法是一種用來管理工作流的視覺化系統，但你也可以利用當中許多原理來提升個人的生產力。這套技巧關乎工作的實際流程，以及我們要如何改進。

這套來自日本的看板法源於製造業，原本是用來安排工廠生產等活動，以求達成最高效率。套用到個人身上時，這套看板法很適合用來檢視現行的系統與流程，並看看要如何改善。但請注意，這套方法無法幫你確認目標或從頭開始設置系統，只能讓你持續提升已建置好的系統的效率。

請記住以下四項基本原則：

一、從你已經在做的事情開始。

二、以持續且漸進式的變革讓情況變得更好。

三、尊重現有的規則與限制（至少在一開始時）。

四、盡可能參考鼓舞人心的領導典範。

身為個人（這是指，適用的對象並非豐田汽車〔Toyota〕車廠這類組織），我們最感興趣的是四個目標當中的第二項：持續改善。其概念是，當你想的是如寶寶學步一樣邁出一小步、一小步，而不是想著要跨出豪邁（且令人望之卻步）的大步，其實可以獲得更豐碩的成果。看板系統中有六大核心行動，用以形塑現有的流程，逐步地讓你變得愈來愈好：

一、將你的工作流程視覺化。無論是你的正式職業還是其他「工作」（比方說寫小說、運動等），把流程畫在板子上，讓你可以用眼睛看到每一個步驟。使用不同的顏色、記號或欄位，以整理出流程的不同階段。請記住，你可以**清出來**的東西愈多，**心裡面**就愈不會擔憂。

二、避免留下做一半的事。這對「救火隊員」或「時間烈士」型的人來說很有用。基本上，就是不要一心多用。挑一件事，投注你全副的注意力做完這項任務、然後再挑下一項。這可以抑制你一直在想著接下來要做什麼（也就是想太多！）。為避免壓力和難以負荷感，不要事情還沒做完就放著。

三、管理流程。檢查你的注意力、時間和精力如何在不同的任務之間流動。

你是不是在通勤或等待上損失了很多時間？你是不是經常轉換任務，並持續在拉回正軌的過程中耗損了時間？檢視你把時間浪費在哪些地方，並讓你的流程順暢一點。也許只是一些簡單的調整，例如你可以開一趟車出去辦兩件雜事，就不要分兩次，浪費時間又浪費汽油。

四、建立回饋迴路。在商業世界裡，這稱之為「快速失敗，經常失敗」（fail fast and fail often），但事實上這意謂著你需要挪出時間持續地查核自己的表現、進行調整，然後重複。檢視你的流程與你的作為，看看是不是真的有用（你可以做到這一點，因為你設定的是SMART、可衡量的目標）。有了持續運作的回饋迴路，就能持續改進。

五、「透過協作改善，經由實驗演進」（improve collaboratively, evolve experimentally）。這個概念比較難套用在日常生活上，但以非商業場合來說，這條原則教導我們將科學方法應用在我們做的每一件事上，我們可以提出假說、加以檢驗，並藉由持續地實驗不斷琢磨我們的知識。

對於要克服想太多的一般人來說，上述方法看來可能有一點抽象，但其概念其實很具體，可以應用在任何地方。假設你經常為了煮飯和買菜而備感壓力，你認為晚餐要煮什麼是一個永無止盡的問題，讓你壓力很大。那你就坐下來，以視覺化的方式畫出家中的食物採買流程，從去店裡買食材、規劃餐點一直到烹調（還有冰箱裡空空如也時的緊急外送名單）。

一旦你看見整個畫面，你就可以找出流程失效的地方，像是你發現很多食物都浪費掉了，同時每個星期到最後食材都會不夠用，這也就引發了壓力。你決定要好好管理流程，執行一套新的系統，根據有效期限排列你的食材。你試行了一個星期，再看看（一）你的食材處理流程是否有改進，以及（二）你的壓力是否下降了。你知道自己的目標是循序漸進的進步，於是做一些修正，然後繼續嘗試。

沒錯，乍看之下，這方法好像讓你對這個問題想得更多了，但如今你的想法不再是毫無用處、讓你感覺很糟糕的芻思，反之，你給了自己力量，讓自己做出改變，掌握自己的日常生活，並找到真正有用的作法。基本上，你是以自己為核心經營生活，將生活精心設計成能消除你心上的壓力、而不是火上澆油！

最後，我們要來看一種高效率運用時間的聰明方法。當我們考量各項任務要如何納入更廣泛的流程之後，就可以用這種方法為每一項任務分配時間。

練習10：時段管理法（Time Blocking）

多數人每天都把可觀的時間花在一件事上：工作。然而我們很容易把時間浪費在開會、處理電子郵件以及讓你的注意力遠離重要之事、又助長想太多的

「瞎忙工作」上。時段管理法很適合想要掌握自己的工作時程以減少壓力的救火隊員、拖延症患者以及時間烈士型人士。這套方法可以幫助你跳脫被動反應、分心煩亂的模式，並預防出現那種時間支離破碎、屢受干擾、混亂不已的日子。

根據時段管理法，你把時程表中的某些時段保留給單項任務，而且專門只給這項任務，而非同時做好幾件事，也不要在這一項與另一項工作之間頻頻切換。事先做規劃，就不用耗費時間或意志力去決定要做什麼，你可以確保自己永遠從優先要務下手。你應該盡量投入「深度工作」，全神貫注在手邊的那件事，而非蜻蜓點水般地同時關注很多事情。這種作法不僅很有成效（亦即，你在相同時間內可以完成更多任務），壓力也會小很多，而且你可以花費更少的心力就從工作中得到更多成果。

「深度工作」指的是你「緊急且重要」與「重要但不緊急」類別中的所有項目，淺層工作則是其他的部分：這些是你想要交代出去或是完全擺脫的工作。

所謂美好的一天，是你盡可能把最多時間花在真正能豐富你的人生、有助於你達成目標的任務上，同時盡量減少你必須處理的淺層工作、降低這類工作給你的壓力。時段管理法可以抑制完美主義者精益求精的本能衝動，也讓你能更務實地理解實際上要花多少時間才能完成任務。

- 首先，先自問你在一天內或一星期內希望完成多少任務、哪些又是你希望著重的優先要務。這些資訊會導引你的作法取向。
- 其次，檢視每一天的開始與結束時你想要建立的早晨與傍晚例行公事。比方說，你可能希望每天從運動和冥想開始，以放鬆的閱讀或是與家人共度的優質時光結束這一天。當然，你要根據你的優先要務和價值觀（更別提還有你的睡眠／清醒週期與習慣）來決定這些事。
- 接下來，先把時段空出來分配給優先要務，把這些工作安排在你知道自己心思最敏捷、精力最充沛的時候。盡量不要分割這些時段。

- 接著，找出空檔給相對不重要的淺層工作，安排在你生產力較低的時段。
- 當然，你每天都需要時間來處理回覆電子郵件等即時冒出來的事務。請挪出一些時間去搞定這些事，以免小事逐漸累積成為你的壓力。擁有這段特地預留的空檔，也代表你在其他時候都可以心安理得地將雜務拋在腦後。
- 研究一下你的時程表，花幾天嘗試看看吧。這些規則不是什麼金科玉律，試試哪些作法有用，沒用的就改掉。

許多人會特意安排休息和休閒時間，也讓兩項任務之間有一點緩衝空間，以防萬一。你可能也會在一星期中安排一天專門用來趕進度或是「超額工作」，這樣你才不會覺得一旦來不及就徹底完蛋了。

請記住，你的時程表是用來幫助你掌控大局，而不是用來掌控**你**。如果某種作法沒用，就做一點調整。試試看不同的時程表管理應用程式、行事曆或是提醒功能。試著把時段拉長或縮短，甚至你每天都可以設定一個時段，在這時停下來，評估檢討自己的表現如何。長期下來，你的時程表很可能會成為你最強大的減壓工具；更別提這可以讓你的生產力向上飆升。

精華重點

☆ 焦慮最大的源頭之一，是時間管理不當。我們時常優先重視那些讓我們感覺很糟的事務，無法挪出足夠的時間給我們真正樂在其中的事。我們很少花時間好好去休閒和放鬆，因此我們需要刻意的安排以降低焦慮程度。有一些小訣竅可以遵循使用，例如固定編製待辦事項清單、根據你實際上的偏好設定任務的優先順序以及把目標分解成比較小的項目。

☆也有些別的策略可以幫助我們更有效管理時間，其中一種叫艾倫的處理輸入項技巧。在這套方法中，輸入項指的是所有的外部刺激，我們要做的是分析並記錄我們如何回應各種刺激，就連最微不足道的都不可放過，比方說來電、電子郵件等等。之後，我們必須根據目前的回應狀況找出最佳的回應之道，才能讓某些刺激事物優先於其他項目。

☆另一套實用的方法是善用SMART目標，指的是具體、可衡量、可達成、相關和有時限的目標。非常詳細具體地寫出你的目標，讓你確切知道自己要做什麼。接下來，設定衡量標準，讓你能知道自己有沒有達成目標。要確認你訂下的是可達成的目標；目標不應該遙不可及。評估你的目標和你的價值觀之間是否相關、達成目標後可以實現你生命中的哪些理想。最後，設定達成目標的時限，用合理的時間完成任務。

第四章

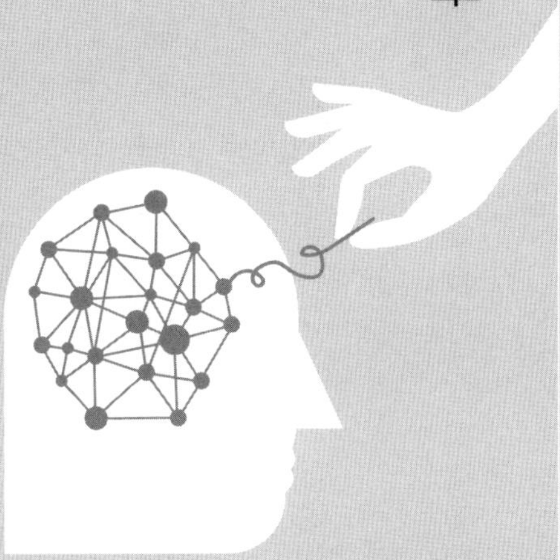

如何快速
進入心靜境界

如果你設法根據自己的價值觀與目標安排你的時間，自然而然會發現壓力水準比較可控可管，想太多的情況也漸趨緩和。過去你心裡充滿了焦慮的芻思，如今騰出了空間，你可以好好喘口氣，並根據對你而言真正重要的事物，去思考你自覺想要做的事。

儘管如此，你無法計畫生命中的每一件事，更無法避免意外事件有可能、也確實會發生的事實。有時候，就算你做出了最完善的計畫，還是會被焦慮性想太多的魔爪攫住。

在這一章裡，我們要檢視一些務實、即時可用的方法，在焦慮威脅著要掌控我們時降低其力道。我們即將討論的這些技巧，可以作為日常預防性的措施，也可以當成當下的立即補救方法。但無庸置疑的一點是：放鬆就像其他任何好習慣一樣，都需要練習。我們無法期盼放鬆自然而然就發生。還有，不要把這些技巧保留到已經失控的情境下才拿來用，我們隨時可以拿出來練習。

人放鬆時，心律、呼吸和血壓都會下降，消化系統和血糖會改善，身體裡的壓力荷爾蒙變得平衡，疲勞和肌肉痠痛減緩、專注力提高，讓人睡得好、有自信。這些都意謂著降低焦慮、減少芻思。將放鬆與本書中的其他技巧相結合，會是緩和生活壓力的有力工具。

我們在這裡要討論三大技巧：**自我暗示放鬆法**（**autogenic relaxation**）、**漸進式肌肉放鬆法**（**progressive muscle relaxation**）以及**視覺化法**（**visualization**）。和「五、四、三、二、一」技巧很像的是，這三種方法能發揮作用，都是因為促使你的心思穩定下來，在當下冷靜地將焦點和覺察投注在身體上面，而不是心裡的思慮風暴。你可以偕同專業人士用更正式的方法來操作這些技巧，或者，你也可以每天挪一點時間出來在家裡練習。熟悉之後，你等於存下了一些壓力管理技巧，可供不時之需。

練習11：自我暗示放鬆法

在英語裡「auto」意為「自己」，「genetos」意為「生成」或「創造出來」，望文生義，「autogenic relaxation」意指出自於你內心的放鬆。結合視覺化想像、呼吸與覺察自己的身體，你就能想辦法讓自己平靜下來。從某種意義上來說，本書中的所有技巧都是自生性的，都需要你將自己從壓力狀態轉移到相對平靜的狀態，並和身體內部的抗壓機制合作，一同發揮作用。

約翰內斯・舒茲（Johannes Schultz）於一九二〇年代提倡這套方法，他也對催眠以及其他形式的深層放鬆很感興趣。自我暗示放鬆訓練的用意，是要系統性地以意志力誘導出身心平靜的狀態；這對於那些為焦慮所苦的人來說有絕大益處。《亞洲護理研究》（*Asian Nursing Research*）期刊中發表了一篇研究，發現護理人員接受了自我暗示放鬆訓練之後，可以大大改善主觀性的壓力反應。

在此同時，李維拉（Rivera）與同事二〇二一年在《心理學新領域》（*Frontiers in Psychology*）期刊中發表的研究指出，在新冠病毒疫情（Covid-19 pandemic）期間，自我暗示放鬆訓練在西班牙展現了絕佳的壓力管理效果。

如今，全球各地都有自我暗示放鬆訓練中心（英國、日本和德國最多）發揚舒茲的研究，你也可以透過領有證書的心理治療師來進行這類訓練。但，你不需要接受任何正式訓練和從事任何學術研究，也能自行理解其中的基本原理。這套技巧的重點，在於刻意地讓中央神經系統冷靜下來；從生物學上來說，焦慮和多慮就是從這裡開始的。面對讓人沮喪的想法與感受時，比起總是直覺式的反應並感到無能為力，你可以學著去掌控並導引這些想法與感受，管理自身的情緒狀態以及你的生理喚起反應（physiological arousal）。

這套方法包含六項擴及你全部身心的技巧，完整的演練過程約持續二十分鐘。「學員」先從找到讓自己舒服的姿勢開始，「教練」使用口語提示導引學員的注意力去覺察身體感官，比方說，教練可能會說（而且說五、六次）：「我非常平靜」，之後說「我的右手臂很沉重」、「我非常平靜」、「我的左手臂很沉重」，諸如此類的，一次又一次重複這類提示，遍及全身的各個部位。之後，等到整個練習接近尾聲時，講話的內容就會反轉，比方說，改為「我的手臂變得結實了」和「我很警醒」，讓人從放鬆的狀態醒過來。

這六項技巧（或者稱之為六節「課」）是在使用各種提示來讓人覺察以下的感受：

- 沉重
- 溫暖
- 意識到心跳
- 意識到呼吸

- 意識到腹部的感受
- 聚焦在前額的清涼感

每一次練習結束時，學員不只學到如何放鬆，也更能控制自己對於各種刺激的覺察敏感度。透過演練每一種技巧，你就能培養出更多的力量，也更能掌控自己的內心世界。事實上，《應用生理心理學與生物回饋》（*Applied Psychophysiology and Biofeedback*）期刊所做的一項整合分析得出了證據，指這項技巧可有效治療許多身心狀況，包括高血壓、抑鬱、氣喘、偏頭痛、焦慮、恐懼症、疼痛、失眠等等。若定期練習，無疑能有益於舒緩日常生活的一般性壓力與緊張，過程中更有助於強化自尊、自信。以下有一份簡短的指引，讓你可以試著自行練習：

一、找一個舒服的姿勢，要坐要躺都可以，慢慢地深呼吸，一開始先慢慢對你自己說六次「我非常平靜」。假設你正在做第二「課」，你可以把焦點放在溫暖。把你的覺察放在身體感受到的溫暖上面。

二、同樣重複說六次「我的左手臂很溫暖」，接下來再重複說六次「我非常平靜」。慢慢地說，並且真正地與你的感受交流，放慢呼吸，把注意力完全投注在你的身體上面。

三、接下來依序是你的右手臂、雙腿、胸部和腹部，中間交替著說「我非常平靜」。

四、反轉流程，改說「手臂，結實起來」、「我很警醒」等等，最後在完成練習時說「眼睛張開」。整套練習總共約十五到二十分鐘。

每一次你在嘗試這套流程時，先依序聚焦在不同的個別感官上，也就是說，先去感受沉重，再來是溫暖、心跳等等，總共六項。完成之後，你可以再把以上合併成單一的小節，例如：

「我的雙臂很沉重。」
「我的雙腿很溫暖。」
「我的心跳平靜又規律。」
「我的呼吸平靜又規律。」
「我的腹部很放鬆。」
「我的前額涼涼的很舒服。」

在整個過程中，重點是你花了時間，並沉浸在這些感受當中。不要急，要真正地把口語指引聽進去，全心全意地導引出你渴望的平靜感。去感受一下當你說「我很平靜」時身體也確實變得平靜的那種感覺，非常神奇！這裡要特別強調，自我暗示放鬆訓練需要一段時間才會顯現出完整的效益，更需要全心投入、專心致志的練習。但，當你費時費力去完成這項苦工，你的付出將會帶來無窮無盡的收穫，因為你將能精通一門技藝：透過隨時隨處可做的簡單練習，熟練地控制壓力水準。你也可以練習掌控人體內通常無法靠意志力控制的生物過程（biological process），如心律、體溫、血壓等等。每天挪出一點時間練習，有可能的話可以多做幾次，試著規律地演練，到最後，你會發現這套技巧能非常有效地幫助你停止芻思。

如果你認為這套技巧很吸引人，或許可以查一查住家附近有沒有專業人士或相關課程，能夠幫助你微調細節。如果你是初學者，也可以找一找幫忙帶動流程不同階段的線上工具或聲音檔，讓你更容易上手。當然，你也可以自行錄製簡單的聲音檔：你只要錄下指引/提示，中間穿插適當的停頓就可以了，然後每次做練習時都回放給自己聽。

在沒有受過訓練的專業人士導引之下自行練習這些技巧，會附帶一些風險，這一點應特別注意。在很罕見的情況下，這些技巧會讓某些人更焦慮或更沮喪。但，如果沒有明確的心理健康疑慮，大部分的人嘗試一些由自我暗示放鬆訓練激發出來的簡單技巧，應該非常安全。此外，如果是有糖尿病或心臟問題的人，則不建議嘗試自我暗示放鬆訓練。自我暗示放鬆訓練同時也會讓某些人血壓急遽上升或下降。如果你有上述所提到的任一健康問題，強烈建議下次去看診時問一問醫師，確認對你來說自我暗示放鬆訓練是安全的活動。

練習12：引導式心像法與視覺想像法

即使不是刻意的，你在進行自我暗示放鬆訓練時可能就順帶做了一些視覺想像的練習，也許是想像你感受到的溫暖是一團朦朦朧朧把你的身體包覆起來的紅色火光，或是你的雙腿變成用鉛鑄成的，因而非常沉重，正在沉入一朵蓬鬆柔軟的雲朵裡。這一類的心理圖像會把你的心理與生理世界連結起來，帶領你的覺察、思緒和感官回到契合當下的狀態。這就像抓住了通常讓我們想太多、壓力很大的心理機器，駕馭它朝向能讓我們平靜平衡的終點駛去。

你的大腦運作也許會用時速一千英里的高速運轉，想像著會引發焦慮又脫離現實的場景……但你的身體運作速度比較慢，你的感官可以說隨時都會替你準確判讀環境的狀況，前提是你要用相當的敏感度去接收。利用視覺想像，可以幫助我們換檔並放慢速度，更能掌控有如脫韁野馬的大腦。

然而，可利用的還不只是視覺上的想像；能夠納入的感官愈多，效果會愈好。你可以使用視覺、聽覺、觸覺、味覺和嗅覺，在心理勾畫出一個安寧的「所在」，以助長正面感受。說到底，當我們想太多時，其實就是在做完全相反的事：我們鉅細靡遺地描繪了一個令人沮喪的假想世界，然後把自己放進去！

你可以單獨演練這項技巧，或者偕同專業人士、利用錄製下來的口語提示（比較常用的名稱是「引導式心像法」〔guided imagery〕），同時也可以搭配按摩、漸進式肌肉放鬆（我們等一下就會談到這個部分）、自我暗示放鬆技巧，甚至是瑜伽等活動。這裡的概念也很相似：如果我們可以在心裡投射出放鬆的情境，就可以控制自己面對壓力時的直覺式反應，讓自己去感受到放鬆，而不是任由想太多和壓力導致我們失衡。這比單純的轉移注意力還要更進一步，因為你是在引領自己的覺察轉向，去體會放鬆的感覺並遠離壓力。

你的身體和心智會一起運作。如果你閉上眼睛，用鮮明的細節想像一顆多汁、酸溜溜的檸檬，就算這顆檸檬是假想的，你的嘴巴最後也會開始流口水。順著這樣的邏輯，我們可以運用心智，「假裝」我們在平靜的地方且感受到放鬆……我們的身體會跟上來，因身體無法區分真正的情境和**想出來的**情境。如果你平日經常演練視覺化想像，等於訓練自己能快速利用某個提示再度進入某個心智狀態，當你想要就可以隨時返回你的「快樂之地」。

這件事本身就有一種啟示性：我們無須受制於身體的心血來潮、心智的恣意妄為，我們可以**有意識地且審慎地形塑自己的心理狀態**，而你愈是勤奮練習，就愈能掌握其中的訣竅。冥想時，我們培養覺察然後進入當下；利用引導式心像法與視覺想像時，我們也在做一樣的事，不同的是，當我們與造成壓力的想法分離之後，就可以把覺察導引到自己選定的目標上。冥想和視覺想像可以美妙地相輔相成。

視覺想像有一大優點，那就是你已經備齊需要的一切，隨時都可以開始。你可以在任何你喜歡的地方演練，要花多長時間、多常使用，全隨你高興。基本上，這套方法唯一的限制就是你的想像力。不過，剛開始練習這套技巧時需要一點耐心和投入，當你試著掌握竅門時，需要騰出不受打擾或不會分心的空間與時間。

潔西卡・阮（Jessica Nguyen）和艾瑞克・布萊莫（Eric Brymer）在二○一八年的論文〈以自然為基礎的引導式心像法作為介入焦慮狀態的手段〉（Nature-Based Guided Imagery as an Intervention for State Anxiety）中發表研究結果，他們發現，想像平靜美好的自然風景對於幸福有很大的影響，也可以減少壓力反應，比想像偏向城市或非關城鄉的中性風景時效果更好。你不一定要想像如詩如畫的森林或讓人屏息的海景，研究顯示在你的想像中納入自然世界，就可產生明顯效益；此外，對那些平日只能關在室內的人來說，這也是一種很好的調劑管道。

這套技巧一般操作方式如下：

- 找一個舒服的姿勢，讓呼吸放鬆；以你自己為中心，然後閉上雙眼。
- 花時間想像一下你選定的地方，只要能讓你覺得快樂、平靜或精力充沛，哪裡都可以，盡可能想出最多細節。你可以選擇一座涼爽神祕的森林、一片海灘、圖書館火爐旁的一張溫暖毯子裡，甚至是遙遠紫色星球上一座美麗的水晶宮（這是屬於你的想像，你高興怎樣就怎樣！）。
- 當你在想像此地的細節時，比方說這裡的氣味、顏色、聲音，甚至是給人的感覺或嚐起來的味道，同時也喚出了你希望擁有的感受。可能是平靜，可能是欣喜若狂，也可能是幸福滿足。想像你自己在彼方，看到你自己在微笑，或是平靜地坐在某處。
- 你或許也可以替自己編一個小故事：你沐浴在水光閃閃的山泉裡，洗去一身的壓力，或者你和一位友善的天使聊天，或想像自己抱著滿懷的美麗花朵。慢慢來、不要急，至少在這裡待上五到十分鐘。

當你覺得準備好了，慢慢地離開你想像的畫面，睜開眼睛，稍微伸展一下。你可能想要在畫面裡加上一個收尾，比方說，你可以想像把這幅景象摺起來，就好像收起一幅畫一樣，把它放在你的口袋裡，之後再拿出來看。對自己說，只要你想的話，你永遠都可以隨時回到這裡。

和演練自我暗示放鬆技巧時一樣，要聚焦在你的情緒狀態上；試著說說看：「我覺得平靜又滿足」，或者唸出任何你喜歡的座右銘，也可以在你的引導式心像中結合對溫暖、沉重等知覺的聚焦。舉例來說，你可能會把注意力放在四肢上，同時想像所有的壓力和憂慮化作小小的泡泡，不斷離開你、愈飄愈遠。或者，你可以把前額的清涼感和身在一條清新宜人溪流裡的想像結合，你在溪裡把水潑到自己身上，全心全意去感受溪水是多麼美好又撫慰人心。

引導式心像法不僅有助於減輕焦慮，更以另一種功效聞名：幫助人們取用存放在潛意識層級的智慧。這項技巧很簡單卻非常有效，愈來愈常被當作輔助性的心理治療法，和傳統療法同時使用。就連飽受嚴重的創傷後壓力、虐待、憂鬱等問題折磨的人，都發現這套技巧有助於減壓，讓他們更能處理壓力。

如果你常常會想太多、過度分析或是陷入焦慮，請提醒自己這套技巧比較像是玩耍，而不是工作。不要去想你的視覺想像**應該是**什麼樣子，相反地，請把你心理上的手腳舒展開來，完全根據你的心意創造出你喜歡的世界，讓你的想像力享受樂趣。

就像我們之前說過的，你需要一點時間才能掌握這套技巧，主要是因為這個由你創作的故事需要足夠豐富的細節，才有足夠力道去喚起美好的感受，並達到放鬆的效果。你可能會發現，就算你自認是想太多的人，在這時候的想像力卻意外地貧瘠空洞，缺乏鮮明的色彩和深度。

如果你發現自己有一些模糊、空泛的思緒，試著把這些思緒帶回到知覺。

不要只是**想著**「平靜」，你要開啟心靈之眼，運用你的知覺真的試著去**感受**平靜。平靜是什麼顏色？用手指摸起來是什麼樣的紋理？平靜看起來、聞起來與聽起來是什麼樣子？對你來說，平靜這個概念會結合哪些行動、象徵和故事？

這項練習一開始可能會讓你感覺有些古怪、困惑，你也可能很難完全沉浸在心理圖像當中。為了讓練習變得更容易一點，有些人會想像有一位「智慧嚮導」帶著他們，負責把他們帶到一個讓人放鬆的地方，而不是靠他們自己前往。不管你的作法是什麼，引導式心像法和自我催眠非常相似，都在幫助你達到深層放鬆的狀態，讓你進入比一開始時更正面的心態。

練習13：漸進式肌肉放鬆法

最後，我們再來多學一項很強大的技巧：有意識地控制與覺察我們的肌肉。「戰鬥或逃跑」的反應會造成長期性的壓力；在這類反應中，大腦會對身體發出警訊，要身體接連釋放神經傳導物質和荷爾蒙，做好隨時戰鬥或逃離的準備。這些荷爾蒙的影響之一是會讓肌肉緊繃，正因如此，長期飽受壓力折磨的人才會出現疼、痛、肌肉緊繃與緊張性頭痛等症狀。

有社交性焦慮失調的人，特別容易因為壓力而繃緊肌肉，而且他們可能不自知。

請記住，身心其實是一體的兩面。當你想太多時，電化活動（electrochemical activity）會讓大腦亮起來，之後會透過身體的信使，也就是荷爾蒙，在你的體內轉化成實際的生理反應，接著就會讓你的身體緊張、緊繃與收縮。

也許你已經注意到自己是想太多的人，但這會如何實際反映在你身體的組織與器官上？對你的消化道又有何影響呢？人面對壓力時，整個身體都會起反應；壓力並不是只出現在腦子裡面而已。想太多的人某種程度上會失去和自身身體的聯繫，比方說，他們從來沒注意到自己的慢性肩膀疼痛、磨牙和焦慮，實際上都是同一個問題。大腦很緊繃，導致身體的肌肉也一樣。

詳細的情況甚至更有意思。二〇一七年《慢性壓力》（*Chronic Stress*）期刊登出一項研究〈慢性疼痛與慢性壓力：實為一體的兩面嗎？〉（Chronic pain and chronic stress: two sides of the same coin?），其結論指出，肌肉疼痛和慢性壓力擁有相同的根源，那就是無法緩解負面想法、情緒和記憶，因此干擾了身體的整體平衡。進一步檢視，創傷後壓力症候群（PTSD）、抑鬱和持續性的肌肉酸痛，在下視丘—腦垂體—腎上腺系統穿針引線之下，可視為同一個大問題下的不同徵狀。壓力確實會讓我們繃緊肌肉而引發疼痛，但也會干擾到對疼痛的主觀**認知**。

利用漸進式肌肉放鬆法，我們可以同時緩解身體與心理的緊張與失調。

除了放鬆肌肉之外，漸進式肌肉放鬆法還有其他益處，像是讓你的消化系統更健康（心理緊張和消化道的肌肉痙攣之間有很明顯的關聯），也可以降低血壓。

漸進式肌肉放鬆法是要讓你去掌控你的肌肉，特意去鬆開、放鬆肌肉，同時強化你對於這些感受的覺察敏感度和你的主控性。醫生很早就觀察到，用力緊繃之後再放鬆肌肉，通常就能釋放緊張，而且比緊繃之前更放鬆。乍聽之下很違反直覺，但是比起單純試著放鬆，當你先緊繃壓力已經很大的肌肉，反而能達到更深層的肌肉放鬆狀態。

艾德蒙・雅各布森（Edmund Jacobson）一九三〇年代時指出，如果一個人在生理上放鬆了，**心理**也無法不跟著放鬆。他提出一套肌肉放鬆技巧，每天約花十到二十分鐘試著做做看即可。這項練習很適合加入例行的冥想當中，或是放在日常運動的開頭或收尾，你也可以每天上床睡覺之前演練，當成是每天晚上例行放鬆的一部分，或許也可以搭配一些視覺想像、日誌記錄、輕鬆閱讀，甚至祈禱或聽音樂。

這項技巧相當簡單：

- 找到一個舒服的姿勢，最好閉上雙眼，把你的焦點輪流放到身體的各個部位，先盡可能繃緊肌肉，之後完全放鬆，接著再移動到下一個部位。
- 先從身體最末端開始，比方說手指和腳趾，然後再往內部移動，慢慢來到腹部和胸部，最後則是臉部和頭皮上的小肌肉。如果你認為比較合適的話，也可以從頭部開始，一路向下。
- 用力吸氣並緊縮肌肉，數到五或十；然後一下子把氣完全吐光。去注意感受肌肉的任何變化（運用一點引導式心像法會有幫助，想像如擠海綿一般把緊張擠出你的肌肉之外）。

最後以幾次深呼吸和伸展作為結束，去注意一下你有什麼感覺。這項技巧不僅能幫你放鬆身體，也能強化你對身體的覺察，教導你更近距離關注壓力累積在身體的哪些地方。隨著時間過去，你甚至會發現，你對於自己整體健康狀況的直覺更敏銳了，因為你更貼近地「判讀」你的身體。

你需要不同的方法來繃緊不同的身體部位。你可以直接收緊二頭肌、上手臂、手部以及大腿等；肩膀部位就要靠大幅往耳朵方向拉上來的聳肩姿勢繃緊。你可以大力皺眉繃緊前額，雙眼則要用力地緊閉。接下來，當你要收緊下巴和面部肌肉時，你需要盡可能誇張地微笑。如果你大力吸氣吸成一個很緊的節點，腹部就會緊縮；要緊縮背部則要大力拱起。看起來好像有很多要記，但等你試過幾次之後，就能靠直覺用不同的方法來繃緊你的肌肉。

規律練習漸進式肌肉放鬆法除了能降低焦慮程度之外，還附帶多項好處。

這可以提高你的睡眠品質，舒緩頸部和下背疼痛，減少偏頭痛發作的頻率，也能預防其他健康問題。

從某個方面來說，自我暗示放鬆訓練、視覺想像和放鬆肌肉都是同一個主題的不同變化型：你學習控制要把自己有意識的覺察放在哪裡，和導引到你的身體、當下以及五種感官為你提供的刺激之上，遠離讓人備感壓力的芻思與多慮。對於心理上與情緒上的掌握來自於逐漸明白**有主控權的人是你**，而且掌控的不僅是你的想法，也包括你的情緒和你的身體。

練習14：延遲憂慮

最後的（而且非常簡單的）一項對焦慮與憂心迴圈喊停的技巧，稱為延遲憂慮（worry postponement）。事實上，就算你沒有焦慮的問題，運用這項技巧也能為你帶來益處；這是一種很棒的全面通用壓力管理技巧。這有一點像是規劃你的壓力預算。

萊登大學（University of Leiden）的恩可・佛斯留斯（Anke Versluis）主持了一項隨機性的試驗，其結論支持一個想法：你不需要完全消滅憂慮，你只要和自己達成不要現在就陷入憂慮的協議。他們的研究重點是一種人們常有的傾向，即喜歡自訴「主觀性的健康問題」，但相同概念可以套用到其他各種讓人憂慮與芻思的面向上。他們的研究結果指出，延遲憂慮可以有效地在人們和令他們痛苦的想法之間拉出客觀的距離；而實行一定程度的後設認知（metacognition；譯註：這是一種對認知歷程的認知，白話來說就是「我知道自己怎麼了」），也同樣有助於降低整體的焦慮和多慮。

讓人焦慮和憂心的想法常常揮之不去，其特性是很容易造成干擾。一旦你的腦子裡跳出某個具有威脅性或是很負面的想法，就很難改變或忽略。你很快就會分心，因為你的腦子會想：「喔，我**真正**應該關注的是這件事！」就這樣，你的注意力和焦點被拉走了，離開了當下。

所以說，實際上的情況是憂慮控制了你，而不是由你掌控憂慮。讓人覺得壓力很大的想法出現，來個下馬威，你馬上就棄甲投降。我們犯的錯是當負面想法一出現，我們就誤以為除了把焦點放在這件事情上之外，別無其他選擇。還記得嗎？人的大腦會偏向負面，我們的資訊處理方式也涉及放大壞消息；大腦會告訴我們，具威脅性和讓人害怕的事永遠都要先處理。

假設你擔憂的是「我不知道眼前這頭老虎會不會把我吃掉」這種事，顯然要優先處理沒錯。但，通常我們擔心的事情都是「不知道珍妮會不會覺得我做的簡報很糟糕」或者「如果小偷去翻我的垃圾，發現我不小心丟掉的日誌，弄得聯邦調查局上上下下都知道我難以啟齒的祕密，那我該怎麼辦？」換言之，當我們其實真的、真的不需要優先處理時，卻把這些想法排在最前面。

延遲憂慮不是叫你完全消滅憂慮（沒錯，每個人都會有煩惱，就算不會焦慮的人也一樣），而是要你把憂慮放在適當的位置。別在每一次腦子裡出現某個讓人焦慮的想法時就馬上去關注，你可以叫你的煩惱等一下。由**你**來主控自己要把有意識的覺察放在什麼地方；不要讓隨便什麼事都害你分心或干擾你的焦點。

延遲憂慮就如其名，這是一種特意的選擇，選擇把你的憂慮**往後延**。這跟叫你不要擔心不一樣，因為你一定還是會擔心。這套技巧的重點比較在於掌控和管理你的憂慮，事前主動決定你希望這些憂慮對你的人生要造成多大的衝擊。在當下，這些憂慮看來非常急迫且重要之至，沒有任何妥協的餘地，你必須要把身上的每一條神經都轉到這些想法和感受上。但，你其實有選擇。

目前已經有些研究發現，引發焦慮的其實並不是憂慮本身，而是我們對於憂慮的負面**認知**。阿卓恩・魏爾斯（Adrian Wells）二〇一〇年就在《實驗心理學期刊》（*Journal of Experimental Psychology*）中提出解釋，他說，「後設憂慮」（meta-worry）——也就是你對一般憂慮的負面看法，實際上會引發更嚴重的廣泛性焦慮症。因此，當我們把自己的憂慮當成一種疾病然後加以抗拒，基本上就是確立了這些憂慮，變成比實際上更嚴重的問題。延遲憂慮會繞過這部分，因為這套技巧就是在告訴你：「擔心不是個問題，你大可擔心，沒有人不准你擔心，只是你不要**現在**去擔心。」光是這樣，就足以化解憂慮和後設憂慮（也就是你對憂慮的憂慮）。

你可以用幾種不同的方法延遲憂慮，重點是刻意且有意識地設下你的憂慮界線，就像是在旁邊圍上圍籬一樣。

其中一種方法是在你感到擔心時設下時限。比方說，晚上你窩到床上，準備要睡覺了，但你的大腦忽然之間切換到憂慮模式，出現了一千件要反覆思量的事情。你對自己說：「沒關係，我可以擔心這些事，我也會擔心，但我不用

現在擔心。我會排出一段特定的時間，之後再來擔心，不然就明天早上十點鐘好了。在這之前，我不要多花一秒鐘去想這些事。」

然後你就這麼照做。當心思遊蕩在那些看似極為重要且攸關生死的想法間，你可以充滿信心地對自己說這沒關係，你會仔細想一想，但不是現在。很有可能這些憂慮一點都不急迫，可以先擱置。況且，如果你真的還會想回頭擔心的話，等到早上你整個人會煥然一新，可以投入全副的腦力。對自己說你該做的都做了，可以把待辦清單上的這些憂慮劃掉了，現在沒有什麼特別該做的事，去睡吧。

另一種可採取的方法，是對憂慮設定期限。也就是你從床上起身，對自己說：「你還是想要擔心？那好吧，就讓我們來擔心，但我們只擔心**五分鐘**就好，然後就去睡了。」設定好計時器，全心全意去擔心，時間到就停下來。你可能注意到這些作法裡面隱含了幾個點。

第一，如果你延遲了憂慮，通常就不會想再回頭擔心了。第二，就算你給自己一點時間去擔憂，你通常會注意到煩惱過之後的焦慮程度還是和之前一樣，這表示，花這些時間去擔憂基本上沒有任何幫助。不管是哪一種，你都限縮和管理了憂慮對你造成的影響，也教會自己你有選擇，不需要任憑那些讓人分心、造成干擾的想法宰割。

要實行這項技巧，你需要準備也需要練習。每天訂出一段時間刻意去擔心一些事。找個你不會被打擾，且精神狀態最佳的時段。別害怕去做點實驗，可能要多試幾次才能找到對的感覺。

不過，我也知道你在想什麼。你可能在想：「聽起來當然很棒，但是如果這一次我**真的**必須擔心某件事，那怎麼辦？如果這一次事情真的嚴重了，那怎麼辦？」憂慮會以富創意又新穎的方式來占據你的注意力，憂慮的本質是，你會說服自己如果這一次你決定不要讓自己緊張兮兮，災難就真的會降臨。

且讓我們來扮演一下魔鬼代言人，假設有些時候我們的憂慮、恐懼與芻思真的非常重要，需要立刻加以考慮。那麼，我們需要的，是一套能區分這種情境與單純想太多的方法。我們可以自問以下的問題：**我們的擔心（一）真的是個問題嗎？以及（二）現在有任何我可以做的事嗎？**

要對自己誠實。你要處理的問題，必須是客觀上真的很重要，且此時此刻你真的可以做點什麼。假設有一項工作很急迫，讓你的內心百般煎熬。這真的是一個問題，但假設現在已經很晚了，你要等到明天早上才能和對方商談。所以說，問題真實存在，但你現在什麼也做不了。再假設你的孩子正在發燒，但除此之外一切都好，你還是很可能帶著他們衝進急診室要給醫師看診。這是你可以做點什麼事的情境，但並不真的是個問題。最後，假設你擔心最近一位客戶會給你負評。現實中，這不是一個很嚴重的問題（任何公司都不會因為單獨一則負評而倒閉），**而且**你現在什麼也做不了。

不過，如果這真的是一個很嚴重的問題、而你現在也可以有所行動的話呢？那就動手去做吧。

去做，但不要擔憂。擔憂和多慮無用，當情境需要你採取適當的行動時更是如此。在這個時候，你更需要降低憂慮，因為抱持冷靜清醒的腦袋才能幫助你最快速找出解決方案。除非那些讓你焦慮的想法真的很重要，加上你此刻真的可以做一些有用的事，不然就把這些憂慮往後延遲。你可以等到早上才做決定、之後再理出頭緒，或者就暫且丟到一邊。

一旦你決定某件事不值得擔憂，那就要毫不留情。想像你的心智是一隻被拴起來的狗，要不停地把它拉回到當下。如果你能把五種感官全部都用上，把你自己定錨在當下的現實，那這其實再簡單不過。檢視你的環境，看看能不能列出三種看得見的東西、三種聽得到的聲音、三種聞得到的氣味，諸如此類。

當你的憂慮時刻又出現，請注意你是否覺得急迫感沒那麼強烈了。提醒自己，過去看起來很緊急的狀況，不會一直都這樣。用新的角度看這些擔憂和焦慮，跨入解決問題的模式，看看你能否採取有用的行動以降低焦慮。關於憂慮，有時候你能採取的最佳行動，就是把這些事情拉回真實世界，變成一個務實的問題，然後採取行動去解決。

精華重點

☆很多時候，你可能覺得你的焦慮已經來到瘋狂的臨界點，或是已經站在失控的迴圈邊緣，在這些情況下，你可以依靠著一些別人嘗試過且經過驗證的技巧來減輕你的壓力。

☆第一項技巧是自我暗示放鬆訓練。進行這種訓練的目的，是透過六種不同的練習來掌控我們的想法和情緒。要練習這項技巧時，先找一個舒服的地方坐下來或躺下來。接下來，給自己一些口語提示，比方說「我非常平靜」，同時緩慢且穩定地呼吸。當你斷斷續續對自己重複這些話時，去感覺一下身體各個部位的感受。雖然你可能需要一些時間才能熟練，但這是一項簡單明瞭且隨時隨地可進行的技巧。

☆第二項技巧稱為引導式心像法。基本上，你要做的就是找一個舒服的姿勢，帶著愉快、興奮的心情，並用上你的所有感官，如嗅覺、聽覺等等去想像一個地方。這可以是任何地方，只要有助於放鬆即可。用上你全部的想像力，盡可能為這個地方描繪出最多的細節。

☆我們提出的第三項技巧是漸進式肌肉放鬆。這項技巧的理論根據是，身體的放鬆可以導引出心理的放鬆。所以，你的目標是藉由先繃緊再放開來讓身體的肌肉放鬆。同樣地，你要找一個舒服的地方坐下來，從頭到腳或從腳到頭，把身體的不同部位先繃緊然後放鬆，一次一個部位依序做完。

✩最後的方法是延遲憂慮，這是一種用來阻斷焦慮迴圈既直接又有效的方法。當你體認到自己開始感覺到焦慮時，特意設定未來某個時間再去擔心，然後繼續把你的心思帶回當下。我們很難消除生命中的憂慮，但**可以**有意識地限制憂慮發作的時間點和長度。

第五章

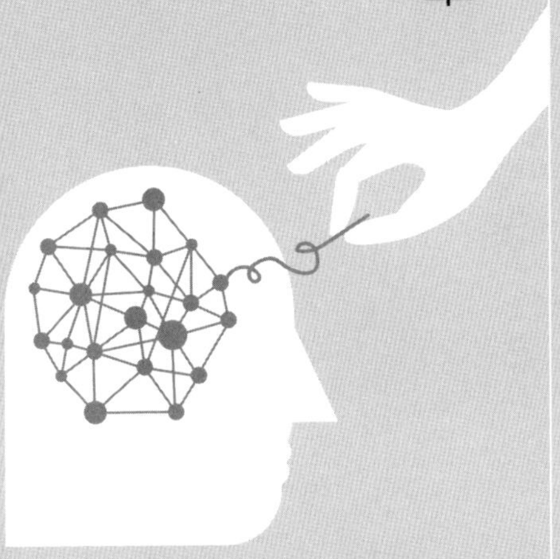

換一個腦袋，換一個從容不迫的人生

在前面幾章，我們已經奠下基礎，從裡到外去理解與修正「多慮」這個問題。真正的壓力管理；掌控自己的心理模式與態度；把更多的放鬆帶進生活裡；事前主動決定我們要如何運用時間。以上這些人人都能上手的方法，可以幫助我們處理焦慮性的多慮。現在，來到這一章，我們則要轉向想法本身。

心智、身體和情緒彼此環環相扣，而且會互相影響。但你可能也注意到了，講到焦慮，心智仍扮演最重要的角色。我們的思考方式、心智架構以及我們內心世界對於外在世界的認知解讀，最能決定我們如何體驗焦慮。根據對此的理解，認知行為療法（cognitive behavioral therapy，簡稱CBT）試著追本溯源探討心理如何認知這個世界，從而讓人們得以產生更有用、更能適應環境的思維想法。

二〇一八年，《抑鬱與焦慮》（*Depression and Anxiety*）期刊發表一項整合分析，喬瑟夫．卡本特（Joseph Carpenter）與同事發現，認知行為療法普遍可以緩解焦慮（但治療效果會因為焦慮的類型而不同）。蔻蕾・希爾舒（Colette Hirsch）等人二〇一九年在《精神病學新領域》（*Frontiers in Psychiatry*）發表一份報告，指出有焦慮情況的受試者接受認知行為療法之後，有高達百分之七十四都恢復了。那，剩下的百分之二十六呢？

本書要處理的是想太多的問題，卻把認知行為療法放到這麼後面才談，坦白說，這是因為如果我們不先好好理解前幾章討論的概念，相關的療法就**幫不上忙**。很多人是經歷千辛萬苦才體驗到這一點。他們理解到想太多是一個問題，並從心理層面和認知層面來解決問題。他們沒去想自己攝取了過多的咖啡因、過著瘋狂忙亂的生活、心中有著尚未化解的創傷，而且長期睡眠不足。他們懷抱著最樂觀的打算，開始接受認知行為療法，然而，一旦碰壁或是被觸發陷入舊有的迴圈當中，馬上就分崩離析。

大腦產生電化作用後就創造出想法；而大腦是器官，是身體的一部分。我們如果想要運用「高層次」的介入手段，由上而下來解決想太多這個問題，就必須體認到思考是一種人類生物作用的表現，因此要搭配相關的由下而上干預方法才能成功。換言之，你要同時理解想太多這個問題還有其他面向並加以考慮，單單處理想法本身不太可能有什麼用。

話雖如此，但幾乎所有多慮的背後都躲著負面思考模式。我們之所以會想太多，通常不僅是腦海裡冒出來的想法數量很多，影響更大的是這些想法的性質。畢竟，很多人同樣反應敏銳且大量思考，但他們不見得會為此所苦。透過認知行為療法，你可以深入探究扭曲想法的根源，然後用比較好的想法取而代之；所謂比較好，是指這些想法能讓你在更平靜且更感受到主控權的狀況下悠游於這個世界，而且，不需要用到藥物。

巴克明斯特．富勒（Buckminster Fuller，美國哲學家、建築師及發明家）雖非心理學家，但他的這句話也展現出對認知行為療法的深刻見解：「對抗既存的現實永遠改變不了現狀，要改變現狀，就要打造出能淘汰現有模式的新模式。」當我們反覆芻思、想太多時，會試著去改變現實（或是擔心要改變現實），但當我們運用認知行為療法，改變的就是模式，或者說是我們的認知方式。

認知行為療法被用來治療各種焦慮失調，例如恐慌失調症、強迫症（OCD）或是廣泛性焦慮症，我們也可以把這些技巧用在自己身上，以應付日常壓力，如果壓力來源是我們自己的想法，更是特別好用。

認知行為療法的基本前提如下：我們的想法（而非外在世界）影響我們如何看待這個世界以及我們如何行事。想法帶動情緒，情緒塑造我們的認知，並影響我們對自己的想法以及我們的行事作風。當我們改變想法，其他的事物也會隨之改變。以想太多為例，最根源的想法可能是「我不能接受任何失敗，如果我失敗了，代表我是一個很糟糕的人」，這表示，當你失敗，你會覺得六神無主，你很可能會改變行為，讓自己再也不用承受失敗的風險。然而，如果你的想法改成「失敗很正常，並不是世界末日」，那麼當你失敗，你會覺得有點失望，但你會振作起來，繼續向前邁進。

如果你的想法是「我把失敗視為學到更多且變得更強壯的機會」，那會更好，當你失敗，你反而會覺得獲得力量與受到激勵，下一次甚至會更努力去做。在以上的每一種情境裡，**一樣都是失敗**，背後的想法卻大不相同，產生的情緒以及得出的行為也由此不同。因此，探究這些想法、信念與期待的根源，並問問它們是否能導引出你真正想要的情緒和行為，是很值得去做的事。如果不能，我們可以改變。

在接下來的部分，我們要來看看如何**辨識**出對你而言無用的想法，提出**質疑**、然後**重新建構**或是以更有用、更精確的想法**取而代之**。學習這套過程基本上就是一種因應技巧，不僅教會你深入理解自身的焦慮，也讓你能面對並處理這些恐懼，不任由它們控制你。你可以把這想成更加善用你非凡的認知能力；你不再焦慮地繞著圈圈想太多，現在你可以善用自己的能力進行分析、有意識地思考，並聚焦於主動改善人生中有害無益的部分。

拆解你的認知扭曲

我們先從找到有害的想法與信念這個流程開始，這些有害的想法也稱為認知扭曲（cognitive distortion）。你可能之前從未想過，但，你對於這個世界的想法有多**精確**？我們看不到自己用來過濾現實的機制，然而，事實上每一個人都是透過很個人化的期待、信念、價值觀、態度、偏見、假設或是純粹的錯覺來看這個世界。想太多的人有一個大問題，那就是傾向於相信自己的看法！他們會憑表象去相信自己的評估、假設和預期，把這些當成無可動搖的事實，完全忽略了他們已在某個時刻加入了自己的解讀。你最常發生的認知扭曲是什麼呢？（沒錯，你**真的**也有，就和大家一樣！）

看看你能否體認到自己的某些概念和想法就落在以下幾種常見的認知扭曲當中：

全有或全無的思維（all or nothing thinking）：這是過度簡化、非黑即白的想法。人不是全錯就是全對，中間沒有灰色地帶。這種情緒狀態源自於人的「戰鬥或逃跑」反應，我們可以從絕對性的語言當中識別出來，比方說：**從未**、**總是**、**絕對**、**完全**或**什麼都沒有**。這種思維壓制了妥協、創意或對細微之處的理解，並和無助、憂鬱和冥頑不化等特質有關。當政治人物說：「你要不就是我們的盟友，要不就是我們的敵人」，或者你的大腦告訴你：「把這件事做好，不然一切就會永遠毀了」，你聽到的就是全有或全無的思維。

過度類化（overgeneralization）：這和「全有或全無的思維」有關係，當我們過度類化時，我們會用極少的資料提出全面性、無所不包的說法，比方說：「所有男人都這樣」或「每次都這樣」，但事實上，只有一個男人是這樣，這種事其實只發生過一次。可想而知，這種思維會提高心理上的賭注，加深焦慮，且讓完美主義感更加嚴重。事實上，二〇一七年庫魯（Kuru）等人發現，有一種認知扭曲模式可以預測哪些人會受社交性焦慮折磨，這同時也是最容易認出來的模式之一，那就是過度類化。

對人不對事（personalization）：這種扭曲，常見於對社交情境適應不良且因此焦慮的人身上。當我們對人不對事時，就會覺得「那是衝著我來的」。我們會假設自己應該為了現實中自己無法掌控的情境而受責，或者假設某些隨機事件和自己個人之間有相關性。

舉例來說，我們在酒吧裡被人撞到，衣服還被潑到飲料，我們會假設之所以是自己、而不是別人碰到這種事，一定是因為對方和我們有仇。當我們看到密友心情很糟，不管有沒有證據，我們馬上會假設自己是罪魁禍首。或者，我們會認為孩子在學校表現不好就代表自己是糟糕的父母。你可以想像，這種扭曲專門會無中生有地製造焦慮與引發憂慮！

內部化或外部化（internalizing or externalizing）：我們會如何解釋某些外部事件？如果我們錯誤地假設自己是導致某現象的理由，這就叫內部化。舉例來說，「爸爸和媽媽離婚，是因為我沒有好好整理房間。」所帶來的結果就是自責和自信心低落，而我們的多慮也會染上自我譴責的色彩。外部化則是另一個極端，把自己該承擔的責任怪在別人身上，比方說：「她因為我說的話而不高興，又不是我的錯，是她不應該這麼敏感。」這兩種扭曲都排除了中間的作用媒介，並引發無助感。

偏愛負面、忽視正面（favoring the negative, discounting the positive）：這也

相當常見；我們可能考試考了一百次、其中一次不及格，但我們會說「我考砸了」，對其他九十九次的表現視而不見。我們可能認為成功是運氣好或僥倖，一次真正的意外則證明了我們很糟糕，或者壞事**總是**會發生。這種心理偏誤透露出的是我們的核心信念認為**永遠**都只會有壞事，某種程度上讓我們再也看不到好事。

情緒化推理（emotional reasoning）：抱有這種認知扭曲時，我們會假設如果我們對某件事有某種感覺，一定是因為感受到了當中的真相。換言之，這就是「如果我感覺到了，那就一定是真的」。假設你快要接受工作考評，你隱隱約約覺得結果不會讓你太開心。雖然你還不知道最後會怎樣，但不等事實揭曉，你已先假設自己的懷疑其來有自，愈來愈相信評鑑結果不佳可能會導致問題，並降低你的自信心。

認知扭曲不只有這些，但這些是其中最常見的型態，其他的包括災難化

（「唯一可能發生的，就是最壞的狀況！」）、迷信思維（magical thinking；「外面那隻烏鴉可能是一個信號，告訴我今天不宜外出」）、讀心術（「他恨我，我就是知道」）、算命（「一定會發生這種事，我就是知道」）或是過時的思維（有兩個博士學位的人行事態度宛如無知的五歲小兒）。

很多人都會同時出現多種認知失調，比方說，如果我們害怕伴侶不忠，很可能會自動假設對方真的有偷吃（情緒化推理），認為這一定是因為自己有什麼缺點（內部化）。接下來我們可能會把事情災難化或開始算命，你會想很多，揣測和對方分手最後又恢復單身會有什麼後果。避免如此的訣竅是在當下就要注意到自己已經陷入這種思維。找找看你是否使用一些很強烈、情緒性的用語，比方說「應該要」或「一定」，檢視你是否提出未經驗證的假設，或者你有沒有很努力地去解釋或辯護某件事，現在回頭看卻發現未必正確。且讓我們來看看如何抓出隨時可能出現的認知扭曲。

練習15：運用前置—行為—後果模式（antecedent behavior consequence model，簡稱ABC模式）降低焦慮

一九七〇年代，愛德華．卡爾（Edward Carr）和同事做了一項研究，發現很多有問題的行為在邏輯上都和一小群的前置和後果有關係。雖然他們的焦點放在應用行為分析，但這個模型後來被用於幫忙建構改變個人行為的流程，以我們討論的主題來說，要改變的行為就是想太多、芻思和憂慮。以下的模型近距離檢視，在特定的思維過程激發之下，做出某個行為的之前（前置）和之後（後果）發生什麼事。ABC主要的焦點是在行動與行為，但就像我們到目前為止看到的，帶動行為的是想法和信念。

前置是暗示人要做出某種行為的觸發機制，舉例來說，你每次去海灘都會買冰淇淋，或者，每次你的伴侶遲歸你都會生氣，然後冷戰。前置可能是一個人、一個詞彙、某個環境，或者是感受、情境、一天裡的某個時間點，也可以

是這些事物的綜合體。

行為是出於觸發機制所做出的舉動，可能有用，也可能不太有用。如果你每次在工作上感到壓力時就跑去喝一杯，已經瀕臨酗酒邊緣了，那顯然這種行為不太有幫助。有些行動很適合，可以幫助我們因應問題，有些則有損我們的生產力、讓我們覺得更糟糕，甚至會置我們於險境。

後果就是行為的結果，可能是好，也可能是壞。有些行為能讓情況變好，或讓我們心情變好，有些則不太健康且不太有用。通常，當我們判斷某些行為是好行為，是因為後果是好的，反之亦然。

我們在這裡分別說明三個部分的重點，是要讓你明白這三項其實環環相扣。有時候，我們看不出來想法如何影響行為，行為又如何實實在在地影響了我們的人生。有時候，我們看不出來一開始觸發行為的因素是什麼，但一旦知道了，比起直接去處理行為本身，我們可以轉而避免或改變觸發機制。

	前置	行為	後果
事件一	在午餐時間去超市	挑了一盒甜甜圈，在車上全部吃光光	覺得身體很不舒服，也覺得自責
事件二	同事在辦公室辦生日會	一口氣吃了很多蛋糕	覺得身體很不舒服，也覺得自責
事件三	和孩子爭執之後覺得很低落	跑去搜刮櫥櫃找餅乾，吃掉半盒	覺得失控

你能否先停下來，看看某個行為的原因和效果是什麼？你能不能找到一些見解，透視你為何做你做的這些事，以及這些是否能導引出你想要的後果？一開始，你可能要像科學家一樣收集和自身行為有關的數據，然後尋找其中的模式。畫一張有四欄的表格（如上），列出各種事件，讓你可以整理出A（前置）、B（行為）和C（後果）。花一、兩個星期收集資訊，或者一直做到你看見重

複出現的模式為止。比方說：

在上述這個過度簡化的範例中，當事人很快就理解到他暴飲暴食並非因為自己是一個糟糕、貪吃的人（事實上，這種感覺是暴飲暴食的**後果**），而是他用暴飲暴食來應付壓力，或者是環境中有某些線索觸發了某些相關性，導引他做出特定的行為（例如，辦公室派對就等同於蛋糕時間！）。

這份簡單的紀錄揭示了幾件事：這種行為對當事人來說確實無益，因為後果永遠都是負面的，這也馬上就指向了未來該做的事：削弱觸發機制以避免做出這類行為。

這套技巧雖然有用，但比較適合用於較單純的行為，若要分解比較複雜或難以理解的傾向，可能需要專業人士協助，尤其如果你想在分析的同時處理一些偏見或錯誤的概念。應用ABC模型時要分成兩個部分：第一，你要收集資料，累積更多看法，以利解析現有的行為；第二，在你努力處理不樂見的行為時，要設法重新建構觸發機制和後果。

改變行為是有可能的，但要花時間，當你能綜觀全局通常效果最好，這也就是說，你不僅要以行為當作核心考慮周邊的結構，也要檢視是哪些想法導致你做出這些行為。套用在想太多這件事上，我們可以應用ABC模型，去明確思考自己在陷入想太多之前，同時與接著而來的想法是什麼，這些想法又為我們的行為提供了哪些資訊。

有些具獎勵性質的後果可能在不經意間強化了不好的行為（比方說，當你喝了太多酒，你就成為派對上的靈魂人物，你的朋友也會給你很多正面的肯定）。但當你貼近檢視，你就可以開始拆解行為本身，同時也剖析背後的想法。「如果大家喜歡喝了酒之後的我，那表示如果我不喝的話，大家就沒這麼喜歡我。」也許你會決定從此滴酒不沾，也許未必會成功，但只要你體認到讓你一直維持飲酒習慣的核心信念和想法，多半就能夠更妥適地因應飲酒問題引發的焦慮。

練習16：記錄你的「無用憂慮」

另一種減少多慮、降低焦慮的方法，是直接處理那些不利於己的想法，尤其要檢視會在你的生活中造成不良後果的行為，看看背後的想法是什麼。「無用憂慮記錄」就是收集那些自動出現、甚至你很難意識到的想法，並有條理地彙整到同一個地方，讓我們可以加以分析，並判定是否有更好的替代作法。

我們可以沿用前面的ＡＢＣ模型表格，來製作憂慮紀錄：

每一次當你出現強烈的負面情緒時，就記下一筆。這份紀錄會幫助你「解剖」想法和感受，找出當時你的心裡發生了什麼事；如果你想根據實際資料做出一些深富洞見的改變，這份紀錄就非常實用。

情境：記錄在某些想法與感覺出現之前有哪些觸發事件或環境，這就跟前

日期與時間			
情境			
自動出現的想法			
情緒			
其他的替代反應			
結果			

面所記錄的「前置」很像。讓你生出某種感覺的，有可能是記憶、想法、情緒、概念或小小的白日夢。

自動出現的想法：寫下你產生的想法或景象，以及你有多相信或投入這些想法或景象。

情緒：整理出這些自動出現的想法激發了哪些情緒，並使用百分比來表示強度。

其他的替代反應：這裡的重點是，在事件過去之後，思考你可能出現了哪些認知扭曲，以及你本來是否可以做出其他比較合宜的反應。我們在下一節說到如何挑戰與克服這些扭曲時，會更完整討論這一欄。

結果：在你辨識出並重新處理過原始想法與感受後，再來填這一欄。評估你有什麼感受、你有多相信那些自動出現的想法為真、你的感受有多強烈，以及你想怎麼做。

你可以多加一欄，寫下你的認知扭曲，如此長期下來可以幫助你更容易辨認它們，也能觀察出你特別容易陷入哪一種認知扭曲。

ABC模型和上面的無用憂慮紀錄，基本上運作方式相同，但一個重點在於行為，另一個則著重行為背後的想法和感受。你可以視你面對的特有情境選用其中一種，也可以兩種一起用，以得出更豐富的見解，深入了解當你想太多、出現焦慮時心裡到底發生了什麼事。不管決定用哪種，幾個星期之後，你應該都可以收集到足夠的資料並往下一步邁進：挑戰與改變你的想法。

消除認知扭曲

不管你用什麼方法來挑戰對你無益的想法，其概念永遠都是要重新掌控讓你感到焦慮的思維模式，並有意識地做出改變，以能幫助你感到冷靜、有能力、能掌控局面的想法取而代之。有一件事很值得你記住：請同樣保持同理與好奇的態度，不要去批判。焦慮、想太多的人常常對自己很嚴苛，或是為了自認的錯誤或缺點而鞭笞自己。如果你注意到自己的認知模式，發現一些有待改進的認知扭曲，這其實值得你慶祝。你很誠實，而且有勇氣追求成長和改變，而不是絕望、羞愧與沒有耐心地試著「修正」自己，請為了這一點而自豪。背後的概念是，我們挖掘出自己目前的想法，是為了有意識地用更能反映自身真實價值的想法取而代之，並幫助自己營造出想要的人生。這是一個賦予自己力量的過程。且讓我們來看看以下幾種常見的方法。

練習17：認知重組

我們經常且很輕易就假設自己所有的想法完全正確，這不是一件很耐人尋味的事嗎？多數時候，我們都不會質疑腦袋裡浮現的想法，但如果我們停一停，近距離檢視自己的思維，就能找出一些讓我們陷在多慮與壓力模式裡面的扭曲、不精準與不正確的敘事。無論是出於老習慣或是慣例，是因為創傷、還是因為別人用這些信念教育我們，這些敘事都用一種很有趣的方式發揮作用，讓我們相信敘事並非對現實的解讀，而是現實本身。

然而，我們必須要願意像科學家一樣理性行事，中立地檢驗與質疑自己的思維，尋找證據，不要讓舊想法牽著我們的鼻子走。清晰的眼光就像是一把劍，幫助我們明確地斬斷自己的多慮，像動手術一樣把多慮從有用與精準的想法上切除，把對我們無益的東西都拋在身後。

亞伯・艾里斯（Albert Ellis）是公認的其中一位認知療法之父，他尤其精於認知重組（cognitive restructuring）；認知重組指的是人能察覺並修正對自身來說無用的思考模式。我們可以選擇建構自己想要的思維，利用證據去重組會造成限制或無益的想法，轉而成為理性的想法。

治療師可能會請當事人收集實際的證據，以檢視他們的想法、假設、歸因與詮釋是否真正符合現實。當你明白很多你視為理所當然的事，其實幾乎毫無證據支持，此時你就會茅塞頓開。如果你是自己選擇了其中一套想法，這表示，你也可以選擇別的。

我們會有什麼感覺，並不是因為發生了什麼事，而是我們認為發生了什麼事。如果我們改變看事物的觀點，就可以改變感覺。事實上，如果你可以像上一節所說的那樣，對自己的思維做一點觀察，這股特意的關注就已經從心理上改變了你建構自我的方式。靠著慢下腳步注意周遭，你將能更敏銳地覺察事物，讓自己有機會看到更多當中的作用媒介。只要能辨識出想法、而非毫不質疑地跟著想法跑，我們就可以更理性、更清晰地思考，也在破除創造壓力的心理習慣這件事上，跨出很重要的一大步。

且讓我們更進一步。當你感受到負面情緒時，先**停下來**。暫停，然後警覺。

盡可能在紀錄中寫下最多內容，不管採用什麼樣的寫作風格都無所謂。找出觸發機制或暗示，或者至少要知道前一刻發生了什麼事、導致下一刻你就產生了這種感覺，記下來。如果可以的話，盡量詳細一點：有誰在場？事發地點是哪裡？什麼時候發生的？實際上發生了什麼事？都詳細寫下來（任何細節都很重要，沒有什麼事是微小到不值得記錄）。

寫出那些在你心裡自動出現的想法，就算你還沒有想得很清楚也沒關係。檢視任何自我對話、任何跳出來的疑問、任何你馬上開始對自己提出的解釋或訴說的故事。很弔詭的是，最頑固且會造成最嚴重傷害的自發性想法，通常最模糊且最難以說明；但這是一開始時。去注意想法在你身上引發的情緒（想法和情緒最初可能看起來是一樣的，所以請仔細查看並拆解開來！）以及你的感覺有多強烈。你很可能不只擁有一種感受。

等你習慣這些之後，我們就要進入重要的部分：改變。要等你已經花了夠多時間以中立的態度收集完資料，才能嘗試進行重組：在我們能清楚描繪出自己實際上要改變什麼之前，往往都還沒有達到可以開始做出改變的狀態！你從自己身上看到的認知扭曲可以引導你，指出有哪些替代方案。當你還是新手時，你可以盡量找出最多選項，是不是真的能用不是重點，重點是你打開了心胸，看見事實上你可以從別的觀點來想事情。尋找不同的解讀。在你做分析時，溫和一點，多一點彈性和善意。

以下這些問題，可以在過程中為你提供指引：

- 我有哪些證據可以證明我腦海中自動出現的想法是否確實成立？
- 有沒有其他可能的解釋？
- 我是不是判斷失誤或先入為主？
- 可能出現的最糟糕狀況是什麼？還有，這真的**那麼**糟糕嗎？

- 我陷入了哪一種認知扭曲？當我移除這種扭曲之後，同樣的想法會變成什麼模樣？
- 我所愛的人或是朋友會怎麼看待這個想法？
- 我是檢視了全部的事實，還是只參考了其中一部分？
- 我做出的反應是我真心想要這麼做，還是出於習慣這麼做？
- 有什麼不同的觀點？其他人可能會如何運用這個情境？
- 這個想法實際上來自哪裡？來源可靠嗎？

盡可能列出最多替代選項，至少三種。然後重新參考你做的表格。檢視你的想法和情緒，但要用新的眼光來看。現在你已經重組你的想法了，有沒有什麼不一樣了？若有，注意觀察有沒有任何益處，然後多加珍惜。認知重組真的可以增進生活品質並讓你覺得一切更美好，你愈是把這一點內化成為自己的一部分，就愈有可能堅持下去並從中獲益！

我們來看一個具體的案例。麥克一直都是個想太多的人，在工作上反覆憂慮，感到壓力如山大，他老是害怕一切的一切即將變成一場大災難，完全沒辦法放鬆。他花了幾個星期做了一份無用憂慮的紀錄，下頁是其中一個範例。

幾個星期之後，麥克注意到相同想法反覆出現的模式，同樣的認知扭曲也一而再、再而三發生。他檢視想法，得出了一些替代方案，這些都要歸功於上面列出的問題啟發了他：

「就算別人確實偶爾會注意我的工作表現，但我沒有太多證據證明別人在**批判**我。」

「我可能有點誇大主管密切監督我的程度。」

「我可能把笑聲解讀得太惡意了，實際上沒這麼嚴重。」

「我有大量的證據可證明主管很滿意我的工作。」

日期與時間	七月九日十點四十五分
情境	早上覺得很匆忙，在走廊上遇到主管，無法快速回答他的問題；他笑了。
自動出現的想法	「其他人一直在看我並評斷我」；「我必須隨時隨地表現出完全掌握大局而且正確無誤」；「我其實很不稱職，是一個失敗者，只是大家沒注意到、沒說出口」。
情緒	恐慌（80%）；丟臉（10%）；感覺永遠無法放鬆，覺得自己是濫竽充數的冒牌貨。
其他的替代反應	可能的扭曲：把事情災難化、過度誇大、聚焦在負面、判讀別人的心思。
結果	我重組想法之後，覺得輕鬆自在多了。

「就算我在別人眼中犯了小錯，那也不是世界末日，我也不太可能因為小失誤隨即被開除。」

「我其實不知道別人對我有何看法，也沒有證據指出他們對我有不好的想法。」

……凡此種種。

有了這些想法之後，麥克注意到他的恐慌程度變化，從一開始的百分之八十降到約百分之三十。他注意到，當他比較正面思考時，一點都不覺得丟臉。下一次扭曲的思維又出現時，他就**停下來**，記住控制局面的人是他，而且他有選擇權。他想要走回舊的心態路徑，導致他芻思、壓力如山大嗎？還是，他想要選擇更自在且實際的想法模式？

練習18：行為實驗

採行上述作法時，基本上你是在安撫你過度活躍的心智，質疑所有心智創造出來的自動出現、無意識與無益處的想法。你扮演的角色是中立的調查人員或科學家，深入問題的根源處。然而，就算我們檢查過當中是否有認知扭曲並找出了替代方案，某些我們心底最重視的假設和偏見可能還是會存在，並不會消散。

比方說，你的想法可能是：「大家都痛恨我。」這可能從小時候就深植你心，或是來自於你習慣性的自我認同感，就算你理智上知道「痛恨」也許是一個太過強烈的字眼，但你不管怎樣也無法真正擺脫。你和自己辯論，尋找其他的解讀，但內心深處仍覺得這樣的信念是對的。不過，你可以用一個方法追溯出這個概念的根源：**驗證它**。

尋找證據以驗證想法很可能是一條漫漫長路，有時候我們需要做些「實驗」，向自己證明我們的想法事實上並不成立。頑強的核心信念中會有情緒元素，這表示，這些信念不會因為你在理性上辯證就消失。因此，請試著改用以下的技巧：

- **釐清信念**：清楚說出你的想法是什麼，寫下來，也寫出伴隨的情緒與強烈程度。在這個範例中就是：「大家都痛恨我。」
- **提出假說**：當中要包含一個可能的替代方案，亦即「有些人不痛恨我」。
- **設計實驗**：用來驗證假說。你需要做什麼，才能真正驗證你的信念？你可能要去找一些過去的例子，想起有人說他們喜歡你，或者你可以用一星期的時間觀察身邊之人的行為，看看他們如何對待你，同時看看這是否符合「痛恨」的態度。
- **進行實驗**：盡量抱持開放的心胸，寫下你的觀察。在這個星期內，你可能注意到有很多人來問你要不要一起聚聚，或者特別過來找你。

- **分析結果**：你得出的結論是什麼？原來的「每個人都痛恨我」想法是否經得起檢驗？當你改變信念時，也請注意你的感受有何變化。
- **做出調整**：調整你的信念，如果你不確定，就再回過頭去看看你的實驗，提醒自己你在理智上和實際上都已經向自己證明不是這麼一回事。記住其他替代想法帶來的感受。

行為實驗有很多種，可任君選擇。上述的這種稱為「直接檢驗假說實驗」（direct hypothesis testing experiment），但，有些我們會想太多的事並不那麼容易提出假說，並套進這套實驗方法裡。有些時候，要檢驗恐懼和負面想法並不簡單。舉例來說，一個很寂寞的人一直在想，不知道有沒有人在乎他發生什麼事，他就不能（也不應該）用傷害自己來驗證有沒有人在乎。

針對這些情境，我們可以採用另一種善用調查的實驗方法。假設有些擾人的想法一直折磨你，你認為這些想法很噁心、很讓人難堪，你根本對別人說不出口。那麼，你可以善用調查，問問你認識的、也為焦慮所苦的人有哪些很擾人的想法，或是去網路上找找看。你可能會看到很多人的故事，發現他們也有和你一樣的想法，這樣一來，你的想法就顯得比較正常，你也能用不像一開始那麼有害或危險的眼光來看待。

第三種行為實驗稱為發掘實驗（discovery experiment）。通常，會焦慮的人對某些人、對這個廣大世界、甚至對他們自己都抱持著一些固執的想法，而這些想法都缺乏任何明顯可辨的理由。但，他們已經把自己不理性的恐懼內化，深入到他們根本無法提出任何替代想法的假說。他們就是相信，如果他們無法避開某些事或者不去做某些事，結果就會很悲慘。例如，有個小時候遭到性虐待的女孩長期抱持著羞愧感，覺得自己因施虐者而「壞掉」了。為何受虐會讓一個人永久受損，她並沒有明確的理由，但因為她背負著這樣的經歷生活、長期用這種思維去思考，要她去告訴自己「或許我沒有壞掉」可能很困難。

在這種情況下，人們應該自問：「如果我在待人處事時當作自己並沒有受損，那會怎麼樣？」發掘實驗和檢驗假說實驗的差異之處，在於你不只是去評估某個說法或想法的真實性；你是實際去做，看看身邊的人會如何反應。雖然這有點令人卻步，但因為反省和徹底思考在這裡效果不彰，對很多人來說，發掘實驗很可能是確認他們相信的事是否為真的唯一方法。此外，在所有類型的實驗中，這一種最有可能說服你，因為你自身的體驗會不證自明。

針對你最頑強的核心想法設計實驗。有時候，我們是因為過去的經驗以及根深蒂固的老習慣才發展出這些信念；有時候，說服自己做出改變的最好方法，就是試著真正動手改變。實際的行動可以帶我們脫離心理慣例，讓我們**體驗**到替代方式，而不只是從表面上去想像而已。

練習19：使用認知行為療法清理你的自我對話

當你更進一步檢視想法，結果可能會讓你覺得不知所措：你會發現原來自己心裡不是只有零星幾個想法，而是有**這麼多**想法在糾結。想太多的人心裡經常湧出源源不絕的內在對話，要從持續的流動中挑出單一個概念可不容易。自我對話可以定義成我們在生活中幾乎持續不斷的內心敘事和評論，可能是中立的（亦即只是提到和觀察）、正面的（亦即讓人感受到鼓舞、快樂與獲得力量）或負面的（亦即讓我們覺得很糟，或者以本書主題來說，讓我們覺得很焦慮）。

單一的適應不良核心信念（比方說「我必須完美，才會有人愛我」）和負面自我對話之間有何不同？這些概念當然有相當重疊之處，但我們可以用一個範例來解釋主要的差異；「我必須完美，才會有人愛我」這個核心信念，很可能演變成一道自我對話與內在敘事的激流，例如：「**你真是個廢物，你看看這個專案結果有多糟。我早就知道會這樣。你這麼沒用，有誰會想跟你來往？好**

了，不要再自怨自艾了，沒有人想要和這麼神經質的人交朋友。難怪你到現在還是單身！不管你嘗試去做什麼都會失敗，你知道為何會這樣嗎？我連你到底有什麼毛病都搞不清楚了……」諸如此類的。

個別處理這些負面對話不會有什麼幫助，但，運用一些耐性和自我覺察，我們可以看出這些對話都出自同一個核心信念，只是以不同的形式表現出來。負面的自我對話可以根據其情緒特質來識別；你可以從上述的自我對話中看出羞愧、自我懷疑和指責嗎？這場自我對話風暴的內容不見得正確（雖然你覺得一定正確），但是卻非常的……怎麼說呢，非常惡毒！

認知行為療法也可以幫助我們處理因為長期自尊低落、自我批判與自我懷疑而出現的自我對話。使用上述的ＡＢＣ模型架構或是無用憂慮紀錄，我們可以看出自我對話激流的觸發因子是什麼；有時候要找到這些因子很困難，因為這道激流很可能是無意識的且連續不斷，以至於你根本不知道是何時「開始」

的。然而你可以善用對話紀錄，看看是否可以提取出自我對話背後的單一**情緒**，並從中萃取出啟動這列想法列車的核心信念或想法。

我們要處理長期且根深蒂固的自我對話時，比較健康的替代方案通常比較著重感性面而非理性面。你會發現，與其著重在心裡冒出來的這些想法是否正確、成立且有理，你需要做的是辨識出背後的情緒，然後直接因應。以前述的例子來說，這可能代表著你不僅要把想法改成「我不完美，但依然有些人會愛我」，更要檢視伴隨而來的自尊低落感，並用對自己的愛和同理心取而代之。

練習20：自編腳本，醞釀與強化正面的自我對話

無可避免的事實是，想法、感受和行為永遠以複雜的方式彼此綜合交錯。我們和自己對話時所使用的**語言**，和所述事實的準確性同等重要。我們整理自己的內心時，不單單是整理自己抱持的想法，更像是要養成持續的態度與習

慣。就像其他的人際關係一樣，長期下來，我們也能和自己培養出充滿友善和尊重的關係。

「自編腳本」的概念不只針對單獨的說法和想法，更擴及如何用最鼓舞人心且正面的方式與自我對話、看待自我，而且永遠都如此。你用什麼樣的聲音和自己說話？是正面的還是負面的？準確還是很不精準？符合現實還是不切實際？很親切還是很不友善？有益還是無用？

一套審慎的自編腳本，是讓我們掌控內在對話的途徑。如果你可以在充滿壓力和想太多時套入自編腳本，長期下來，腳本的內容漸漸會自動出現。使用自編腳本的場合可以是在你冥想時，或是在做視覺化或漸進式肌肉放鬆練習時，你也可以加入你的座右銘與鼓舞人心的名言，當作緊繃時刻的依靠。在你感覺快樂且無所畏懼的時刻，動手編製一份帶有啟發性的自我對話腳本，當你焦慮或是抑鬱沮喪時，回來看看你的腳本，這將會把你帶回正軌。

如果你很清楚知道自己的觸發機制是什麼，你可以提醒自己，一旦你知道自己很脆弱、極可能陷入負面自我對話或多慮時，就要「翻開」你的腳本。比方說，你知道公開演說常會觸動你的開關，你可以很努力地將呼吸技巧、讓人冷靜下來的視覺想像練習和內在對話腳本結合在一起，說出以下台詞：「你可以的，發表演說並不是世界末日，過去你有無數次都表現得很出色……」，藉此來對抗災難化和全有或全無的認知扭曲。如此一來你就可以讓自己做好準備，掌控局面。

自編腳本有點像是自我催眠，把你的注意力導引到你想要的地方。自我對話可能是無意識的，但自編腳本是刻意為之，讓你有意識地取得主控權。平靜且專注時多多練習，等到壓力襲來時就可以做好準備，腳本會自動浮現。把幾個關鍵詞彙寫下來，或貼在視線所及的牆面上。一陣子之後，去注意一下腳本對於你的心情和想法造成哪些變化（如果有的話），當你向前邁進時也做相應的改變。你可以準備幾份不同的腳本，用在不同的情境、觸發機制、認知扭曲或恐懼上。

關於「正面」這件事，我要說的是：我們都知道，如果你並不是打從心裡相信，虛有其表的肯定與箴言不會有太大的益處。正面的自我對話並不代表要嚴重脫離現實、對自己撒謊或是假裝問題不存在，而是代表著你願意讓自己對於人生的認知**比較偏向正面一點**。

請記住，你的目標不是完全消除壓力、不確定性或挑戰，你不是要讓自己身處一切都完美無缺的夢幻樂園。適當壓力能強化你的表現，而且能激勵你向前邁進！

精華重點

☆很多人都會卡在某些特定的負面想法模式裡，讓自己焦慮不已。認知行為療法可以幫助你找出這些想法模式，並用比較正面的態度取而代之，讓你的心理健康大幅提升。

☆你要做的第一件事，就是辨識出你可能陷入的各種認知扭曲。常見的比如非黑即白的思維，當陷入這種扭曲時，會以極端的觀點來看每一件事，不是大好就是大壞；還有在既定情境下忽視正面之處，把高到不成比例的注意力放在負面上。這類認知扭曲可以列出長長的清單，而且我們很可能同時會有好幾種。

☆接下來，我們要轉移焦點，看看是哪些情境、哪些人或哪些周邊事物會在你身上觸發出特定的想法模式。你可以寫下無用憂慮紀錄來追蹤相關的細節。每當你覺得自己快要滑進負面想法模式時，停下來，辨別冒出這個想法之前你人在哪裡、碰到什麼樣的情境或遭遇哪些事件、這個想法到底是什麼，以及這屬於哪一類的認知扭曲。接下來，請想出你可以用哪一種合宜的反應來回應這個想法。

☆一旦我們更理解自身的認知扭曲，就需要找到辦法來改變這些思維模式。有一個很有效的方法可以幫助我們做到，那就是行為實驗。簡單的應用方法是，先清楚說明你的負面想法和信念，然後提出一套反駁的假說，用來確認這個想法和信念是否並不成立。想一想你是否有任何證據、過去是否有任何經驗指出你的信念事實上是錯的。觀察周遭的人事是否指向相同的結論，而且，如果你找到質疑原始信念的理由，請加以分析，並據此改變你的想法模式。

第六章

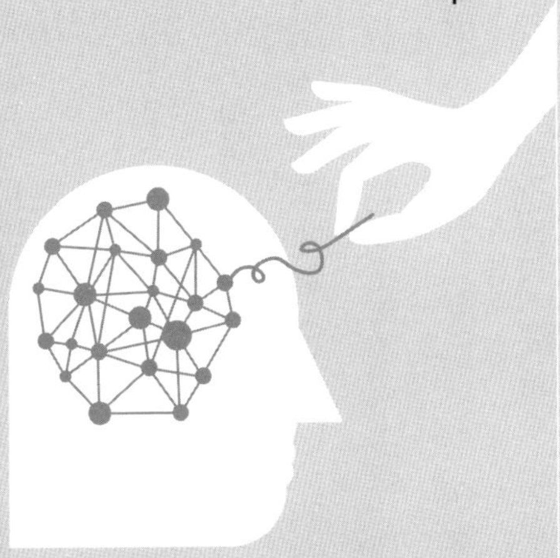

成為情緒的駕駛員，而不是被拖著走

在本書中，我們從各種角度來檢視想太多這個問題（實際上是焦慮問題），並考量各種不同的解決方案，從管理時間與生活壓力因子，到掌控自己的想法與情緒，再到減緩身體裡實際感受到的張力和壓力。我們討論過幾個科學模型與支持這些模型的研究，也體認到要把這些科學發現套用到自己的生活中可是一門藝術。

這所有行動的目標，不只是學會幾個可以即時用上的祕訣和巧妙招數（雖然這些也很有用），更是要成為一個全新的人：平靜沉著、能掌控局面的那種人。這種人能用滿滿的自信面對人生，因為他們既了解也善於掌控自己的理性面與感性面。一個被負面多慮壓垮的人，跟一個可以用充滿韌性的沉著來面對任何挑戰和張力的人，究竟有什麼差別？一切都取決於態度。

本章匯聚了我們前述各種技巧的精神，把從容自持的人所擁有的心態和觀點彙整到同一個地方。這是五種想法，或更精確地說，這是五種態度的「宣言」。你永遠都可以選擇更敏銳地去覺察，永遠都可以選擇你要**把自己的覺察放到何處**。如果你認識天生個性沉著冷靜的人，或許會注意到這種人的個人敘事中也有一種或多種下列態度穿插其中。他們是天生如此，但透過一些特意的培養，你也可以具備這些特質。只要你經常練習前幾章討論到的技巧，就有望自然而然地養成這些態度。

練習21：換上全新心態，著眼於力所能及的事情

第一種態度：聚焦在你可以控制的，而非你不能控制的

有意識的覺察力一次只能放在一件事情上，那麼，你要放在哪裡？當我們覺得無力與失控，就會出現焦慮性的多慮。把覺察放在自己無力控制的事物

上，自然就覺得無力，因為我們忽略了所有**可以**自由運用來做出改變的方法，反而把所有力氣都放在讓人沮喪、缺乏著力點去改變的事物上。這就好比是我們把聚光燈打在每一件無能為力的事情上面，忘記在視線之外其實還有其他選項與解決方案。解決的辦法一直都在，我們只需要把注意力轉過去。

這就好像在推一塊無法移動的石頭，你的努力完全沒有作用，只會讓你筋疲力盡且沮喪不已。這塊石頭推不動，就是推不動，那幹嘛要把力氣和精神浪費在這上面？為何要白白努力，尤其是，你投注的這股心力可以用在其他地方，讓你真正有機會創造出不同的局面！

沒錯，有時候你能做的事少之又少，也許你只能在兩個差強人意的選項間做抉擇。但你同樣擁有選擇權。很多時候，你唯一能控制的只有你自己，但那已經夠多了！舉例來說，你可能在路上出了一場小車禍，起因完全是對方駕駛人的疏忽，事發時他正在用手機傳簡訊，現在他卻否認到底，反而對你大吼大叫、說你是個白癡。

在這樣的時刻，會因為恐懼、憤怒或不快而失控，是很單純的人性。但，沮喪又能怎樣？我們還是遵循斯多噶學派（Stoics）的原則，優雅地接受自己無力改變的事物吧。不如把力氣拿去快速理解保險的細節，並且想辦法盡快脫身，趕快把車子拿去修。事情是對方的錯嗎？是的。這人很討人厭、讓人覺得壓力很大且很可怕嗎？可能吧。但你不用承擔這股壓力。你可以拒絕上鉤，無視對方的挑釁侮辱，以務實、不帶壓力的方式行事。

古代的斯多噶學派非常理解這些原則，這一派的哲學家愛比克泰德（Epictetus）就說了：「請記住，我們愈重視非自己能力所控制的事物，就愈沒有主控權。」我們可以掌握自己的心智，但無法控制外在的事件。因此，如果我們繼續把重點放在自己無能為力的外在事件上，結果就昭然若揭：我們會不斷地體驗到無能為力，以及隨之而來的焦慮。

事實上，現代的研究人員發現了證據，指向斯多噶學派專注於自身能控制事物的原則對焦慮的人來說大有好處。二〇二〇年，在研究人員亞歷山大・麥拉倫（Alexander MacLellan）領軍之下，英國倫敦大學伯貝克學院（Birkbeck, University of London）的情感與認知神經科學實驗室（Affective and Cognitive Neuroscience Lab）研究一項斯多噶學派訓練方案對參與者造成的影響。與未接受斯多噶學派訓練方案的對照組相比之下，實驗組的人成功減少了約百分之十三的芻思。讓人振奮的是，他們選擇的那些演練內容，和本書中所述的方法並無二致。

第二種態度：聚焦在你能做的，而非你不能做的

這就帶我們來到下一種核心態度。焦慮和多慮具有一種特殊的性質：很抽

象、很內心、很模糊，關乎的是可能性、恐懼、如果這樣會如何、記憶和推論；如果你去想一想，就會發現這些東西並不比空氣更具體。假設你像這樣活在自己的腦子裡，自然會覺得無能為力；就好像你只能在旁邊被動地看著這個世界運轉，不斷芻思，不去體認到其實你有能力成為一個主動的參與者。有時候，讓人心力交瘁的多慮壓倒我們，是因為我們不敢行動、自覺不可以有所行動，或是不願承認我們可以、甚至也應該有所行動。

行動能使人清醒、看得更清晰，帶你脫離揣測的心態與充滿壓力的芻思。如果你不聚焦在行動上，或者你因為做不了的事而備感壓力，這也意謂著你把自己的精力放到會讓你覺得沮喪、無用的面向上。是我們自己去強調了無能為力的感覺，閉上眼睛不去看可能的解決方案。

假設有人想要開一家酒吧，但卻失望地發現，繁文縟節和立法規定讓他們無法取得賣酒的執照。他們動彈不得，整個計畫看來要分崩離析了。就這樣，他們開始把重點放在他們什麼都做不了、這很不公平、這把他們難倒了……壓力也因此而起。

但，改變觀點的話，他們可以自問：「如果我不能做這一行，那我可以做什麼？」「何不改開咖啡廳？」

理想上，人可以運用認知能力解決問題、想出深富創意的解決方案或在充滿未知的情境下看見新方法。思考是一種寶貴的技能，但前提是思考要能激發行動。**不思考就去做是愚昧的行為，但一直想卻不去做，就會變成焦慮。**

正確的態度，是把負面和障礙變成提出有創意解決方案的機會。壓力和憂慮可以轉化成規劃和創新。最出色的創新者常常是**因為**最初的計畫失敗才想出絕妙好點子。然而，當你聚焦在失敗、而不是失敗指向的新可能性，那就是把不必要的壓力背上身。

第三種態度：聚焦在你擁有的，而非你沒有的

你有感覺到這些態度當中有一個主題嗎？自信和滿足來自於聚焦在可行解決方案與正面解讀，焦慮則來自認定情境中每一件事情都錯了的觀點。一個是廣闊、能帶來力量、出於好奇心，另一個則會造成限制、剝奪力量，其基礎是認為一切早已注定。這就如同到底玻璃杯是半滿的，還是半空的寓言故事。

聚焦在你擁有的，可以讓你在評估情境時加上正面、健康的詮釋。你有哪些資源？有什麼事很順利？有什麼是你應該要為此感恩的？如果你抱持這樣的心態，就能為看見解決方案與新機會做好準備。另一方面，當你一直把重點放在錯失了什麼、缺少了什麼或是有哪些錯誤時，就只能看到這些東西。這時如果你不特意關注，就會錯失良機，錯失能讓你掙脫不快樂的解方。

以下有一個很簡單的例子：有一個人要替孩子辦一場生日派對，必須準備很多人份的餐點，這可是讓人壓力破表的事！因為一場小悲劇，蛋糕掉到了地

上，完全不能吃了。主辦人可以為了這意外覺得壓力很大，耿耿於懷派對被毀掉了、蛋糕也沒有了，或者，他們也可以看出情境中的幽默之處，在廚房裡施展一些創意。他們還有蠟燭、一顆大西瓜、派對裝飾和一大堆糖果，何不把這變成一場遊戲？看哪一組小朋友能在這個下午即興創作出最棒的生日蛋糕，就能獲得獎品！

想太多的人有時候會高估問題的嚴重性，在此同時也低估自己解決問題的能力。他們小題大作，然後說服自己什麼也做不了。即使面對真正的災難，冷靜的人仍相信自己有相當的能力和韌性，可以找到一條出路。

我們在討論這種態度時，也應該好好檢視另一種相關的概念，過去幾年有很多研究都把重點放在這裡：感恩。感恩代表認同與享受目前對你來說很順利的每一件事，從某方面而言，這是壓力和焦慮導向的反面。二〇一六年，王（Y. Joel Wong）和他的同事發現「書寫感恩」（gratitude writing）可以增進心理幸福感，增加的幅度在統計上可達到顯著水準。研究人員將接受心理治療的患者分為三個群組：一群人撰寫「感恩信」來表達對他人的感謝；一群人自由表達，單純寫下自己的想法和感受；另一群人什麼也不寫。你可以猜到，書寫感恩信的這一群人，心理幸福感提升的幅度最大。

特意扭轉你的心思，聚焦在當下對你來說**不是**問題的那些事情上。我們很容易小看這些事，但光是知道我們在這麼多方面都很有福氣，就足以用來當成緩衝，讓我們能面對那些不時出現的挑戰。

第四種態度：聚焦在當下，而非過去或未來

焦慮永遠都活在他處，可能是在過去徘徊，憂心著已經發生的事（這些都非你能掌控的事，請見第一種態度），或者無意義地飄進未來，想像一百萬種讓人壓力難當的可能性。但有意識的覺察和有用的行動不屬於他處，而是活在

當下。把你的覺察拉回到**現在**發生的事，這樣你就限縮了想太多的範疇。你也可以把你的想法放到最有機會真正幫上忙的地方。任何解決方案、任何幸福快樂、任何洞見與任何有意義的行動，只會往一個地方去：這裡。因此，你就應該在這裡尋覓。

舉個比生日派對更嚴肅一點的範例，讓我們假設有個人歷經過虐待、失去、心理疾病與人生常有的黑暗時刻，目前正苦苦掙扎。在人生的此時此刻，他為了過去發生的事、自己曾犯過的錯而心煩意亂，同時也憂心著這對他的未來而言意謂著什麼，以及自己將何去何從。且讓我們假設，經過多年的治療與個人發展之後，此人遇見了一位新的愛侶，一切似乎都要好轉了。

但他沒有把重點放在新萌芽的戀情上，反而讓過去戀愛失敗的遺憾牽著他走。他擔心這會威脅到他的新戀情，未來所有的人際關係也會因為過去的錯誤和遺憾而永遠被污染。他一直心驚膽戰等待「另一隻鞋子掉下來」，不安地等著必會發生的壞事，深深相信自己是一個受損的、複雜的人，並且一直擔心有天每個人都會知道他是這樣一團亂的人。

在這當中，有件事一直被忽略：事實是，**在當下、此時此刻，一切都很美好！**有多少人悼念某些早已遠去的時刻，卻沒有體認到這樣一來就不可能珍惜他們現在擁有的全新時刻？有多少時間精力就這樣白白浪費在可能永遠不會到來的未來，在此同時，真實且具體的當下卻一直都被視如敝屣？

第五種態度：聚焦在你需要的，而非你想要的

讓人不焦慮的思考方法其實很簡單。我們個人的內在敘事與自我對話會編織出一個千頭萬緒的世界，和我們實際的生活沒有什麼相關性。我們之所以會走上想太多又備感壓力的岔路，有一種可能性是我們誤解了什麼才是幸福快樂的必要因素，什麼又是非必要、但有了也很好的額外選項。聚焦在需要的、而

不是想要的事物上，可以幫助你切入事物的核心，並訂出優先順序，找出真正的重點。同樣地，聚焦在真正重要的事物上、放開不重要的，總是可以減輕壓力。舉例來說，有個人正在計畫要大刀闊斧搬到一個全新的地方，當他在思考房子裡的種種小細節要怎樣才能最適合自己的生活方式，他開始感到難以負荷、壓力爆表。最後他任由芻思帶著他失控，想著各式各樣的小事：**第一棟房子有座很漂亮的花園但比第二棟房子貴很多；第二棟房子比較接近商店但第三棟房子還更便宜，而且最接近商店，但這棟房子沒有花園……但這裡有很漂亮的木質地板，那還要在乎有沒有花園嗎？但是話說回來……**

抓住無盡的可能性和選項或許看起來很精打細算，實際上會害你動彈不得，讓你在做決定時幾無成效。一直想要無止盡地追求最好，讓我們離核心價值愈來愈遠，為了那些雖然重要、但並非最根本的事情而分心。反之，這個範例中的當事人可以停下來，編製一張清單，列出新家最需要的三項特點。先決定房價預算之後，一座花園和三間臥房也是不可妥協的條件，這樣一來，他就可以匯聚自己的焦點，忽略達不到標準的選項。

聚焦在需求上，你會擁有更大的韌性去面對改變、挑戰或失望；結果雖然不是那麼盡善盡美，但也不是世界末日。如果我們理解有些東西只是我們想要而非需要，得不到時就比較容易放手，繼續向前邁進。

最後，值得一提的是人類往往不善於猜測自己真正想要什麼，也不善於預測什麼才能讓他們幸福。當你把焦點放在最基本、根本的需求上，就是被迫去思考你最真實的價值觀；然而，如果是思考你想要、渴望的是什麼，會讓你踏進更加曖昧不明的未知境地。我們有誰不曾替自己找過麻煩，為了一個選擇而過度思考，或說服自己是真的想要這個那個、實際上卻不然？

稍微學習一下心理極簡主義，試著化繁為簡；遇到重大決定時，不要想完全控制結果。我們以為自己想要的東西、別人希望我們擁有的東西、社會文化的期待、廣告的效應，還有那種一時的心血來潮、異想天開，這些全部都把我們搞得糊里糊塗。真實的需求通常簡單又直接，那些我們發現自己永遠都在為其找藉口的決定和渴望，通常不是真正的需要。

把焦點轉向需求，還可以從另一個面向幫上忙：減輕整體的焦慮。如果你會為了人際關係芻思，或是認為社交壓力是你最主要的焦慮來源，那麼，著重於需求可以幫助你簡化。馬歇爾・盧森堡（Marshall Rosenberg）提出了非暴力溝通模型（Nonviolent Communication model），旨在強化人際關係裡的同理心、連結和理解，其中一項原則就是在社交活動中要聚焦於需求。明確講出你自己的需求並傾聽他人的需求，從溝通當中拿掉壓力和威逼。這可以大幅增進和諧，降低人際關係中的苦惱和焦慮。

舉個例子，假設有人主動說想到你家玩，但當天你特別不想交際，也不想見任何人。不要把焦點放在對方（討人厭）的行動、去責備或避開，或是替自己找個之後會覺得很愧疚的藉口，請你盡量遠離芻思，單純去看每一個人不同的需求。「嘿，我知道你今天晚上真的很想聚聚，但我現在需要一點休息時間。如果我們改成下星期見，那你可以嗎？」聚焦在需求，可以免去很多潛在的壓力來源。

你可以看到，宣言中的五種態度基本上都是單一主題的變化形。不受制於焦慮性想太多問題的人，特別擅長於一種以靈活、聚焦、有韌性與採取有益行動為特點的生活態度。不管你面對的是什麼樣的挑戰，任何情境下都把你的覺察力放在好事上面：亦即，你的選項、你的資源、你的行動潛力以及你永遠能根據自身最佳利益行動的能力。

練習22：透過相反的行動來管控情緒

前述的態度形塑了我們的思維、認知、行為，最終形塑了我們的世界。

要養成這些態度，你要有意識地保持樂觀、彈性、希望、感恩、好奇、耐心、自我尊重，甚至可能要加一點點好的幽默感，換言之，重大的差異就在**情緒面**。當我們能體認並妥善掌控自身的情緒，就能採用對我們最有益的情緒狀態。掌握自己，指的是要掌握自己的身體、心智、心靈以及情緒。

前述的認知行為療法技巧，和以用心當下為基礎的方法一樣，教我們如何在不批判的前提下與情緒和平共處。我們以冷靜的覺察檢視自己所感，並接受自己所感。這很重要：管控情緒始於接納情緒。學著把情緒推開並不會讓我們更擅長處理情緒，我們該做的是去認識並熟悉這些情緒。

在某些其他治療領域裡有一項使用成效絕佳的技巧，叫做相反行動技巧

（opposite action），望文生義，這套技巧就是「和情緒唱反調，做相反的事」。當然，這並不代表你要否認或是反抗你真實感受到的情緒。實行這套技巧時，我們要先聚焦在想太多時實際上感受到的情緒是什麼（比方說，恐懼、恐慌、不安、羞愧），並在不抵抗也不依附之下觀察這些情緒。當你在編製你的認知行為療法表格或無用憂慮記錄時，已經做了類似的練習。

管控情緒流程的第一步，和其他沉思冥想流程並沒有什麼不同：你要任由情緒維持本來的樣子。你安靜地覺察呼吸、身體與你的覺察，看著自己和體內冒出來的情緒。你可以把這項探問情緒狀態的練習和已經排定的用心當下練習搭配起來、加入每天早晨的例行活動，或是建立一套視覺化演練。在難受的情緒浮現，或你感覺身處危機時，你也可以練習和自己的情緒「在一起」。

有情緒不是錯，當你想太多的時候尤其如此；那時候，主要的情緒都是感到害怕。你有權利、更有理由去感受自己感受到的一切，但，我們先前已經了解到情緒和想法、行為之間有所關連。我們當然可以去感受情緒，但這並不代表我們不能解讀感覺如何影響了我們的想法或行為。

想太多背後的情緒大多都是恐懼：恐懼失控、恐懼被打倒、恐懼失敗、恐懼危險或恐慌即將出現等等。這些感受本身是千真萬確的，但並不表示那就是**事實**，更不表示這對你有益！如果我們出於恐懼而採取某些行動，通常到頭來只會創造出更多恐懼。我們可以選擇去觀察自己的感受、去感受自身的恐懼，同時依然可以**選擇**做出不同的事。這也正是相反行動技巧的著力點。

舉個例子來說，假如我們困在想太多和焦慮的芻思裡，就會處於恐懼的情緒狀態，這會在我們身上引發多種行為：我們可能會避開某些人或某些情境，可能無法承擔合理的風險，不再探索這個世界也不再對這個世界感到好奇，變得多疑、甚至偏執，不太會想到自己和自己有哪些能力，限縮自己的夢想和目標，用否定來面對困境，因為恐懼失敗而放過大好的機會，或者可能會歸咎別人替我們的人生製造問題。

當我們被恐懼和焦慮攻占，就會生出各種自我侷限的想法：

「這個世界不安全。」

「你不能相信任何人。」

「事情不會順利成功的，你乾脆也不用試了。」

「不要當出頭鳥，風險太大了。」

「別嘗試新東西，不會有什麼好事。」

我們可以同理自己的恐懼感，並確認這些感覺很真實也很痛苦，但不必深陷其中。這麼說吧，我們歡迎恐懼又焦慮的情緒跟著我們一起開車上路，但是它們不能坐在駕駛座打方向盤，決定我們的人生要往哪裡去！

恐懼和焦慮的反面是什麼？當我們反轉這些情緒、行為和行動時，會發生什麼事？

我們看到的是自信和放鬆，能帶著濃厚的興味去接觸新的情境，不怕嘗試任何新事物或承擔風險。我們相信他人，因為，內心深處我們相信自己；我們也知道每個人都同樣要迎接生命拋過來的試煉，而我們也都應付得來。有時候我們會覺得害怕，但我們放手讓挑戰激勵、激發我們。我們腦子裡充滿的想法是：「如果我試了這個，那會如何？」或者「我不知道會怎樣，但無論如何我都抱持著希望。」

編製認知行為療法的表格讓我們辨識出不健康的想法，引領我們找到更好的替代想法，相反行動技巧也用同樣的方法讓我們辨識出這些想法背後的情緒核心，讓我們可以試著找出讓人比較舒服的替代方案。一般的流程是：

一、辨識並承認情緒，好好去體驗，不帶批判也不要詮釋。

二、看看這股情緒讓你湧出什麼想法，以及鼓動了哪些行為。你喜歡這些想法和行為嗎？這些是不是讓你更接近你的目標了？是否契合你的價值觀？它們賦予你力量，還是和你作對？

三、如果對你無益，那麼，去找出**相反**的情緒。當你試著醞釀不同的情緒經驗，就能讓心態得到一些平衡，並將你的想法和行為導入比較健康的方向。

四、在一段既定的時間內（可能是五分鐘，也可能是一天），**全心投入**維持在相反的情緒狀態中。如果你動搖了，試著想起你為何要演練這套技巧，提醒自己被強烈的負面情緒牽動想法和行為要付出多高的代價，以及你達到更好的心理狀態又能獲得什麼。

五、觀察結果。去注意你和一開始相比之下感受有何不同，並注意當你刻意選擇感受不同的情緒時，想法和行動出現了什麼樣的變化。下一次當你又出現類似的強烈負面情緒時，請想起這些結果。

本項技巧的重點，不是要你去否定你的感覺，也不是要你踐踏情緒；剛剛好相反！這是一套很棒的方法，讓你可以開始練習更妥善管控情緒與控制自己，讓你去覺察到你常常自動陷入的不健康負面想法與行為模式。

我們來回想一下之前舉的例子：你出了一場小車禍，另一位駕駛人對你展現出攻擊性的言語行為。盛怒和氣憤可能是此時的主要情緒。但如果你可以遇事不慌不忙，停下來、確認當下正在發生的事，你就有機會改變情況。你知道出自於極度憤怒的想法和可能帶來的行動不可能符合任何人的最佳利益，你可以刻意走入相反的情緒裡面。

你不打算用憤怒和侮辱回擊那位充滿敵意的駕駛人，你清楚地做出了決定，在接下來的十分鐘裡你**不要**抓狂、大吼大叫或做出任何指控。你要輕聲細語，你要大事化小、保持中立，雖然不必然認同對方，但你也承認他的感受。你注意到你的脖子很緊，但你選擇放鬆。你只要持續這麼做十分鐘就好了，你會發現也沒這麼糟糕嘛！

然而，十分鐘快到時，爭論也即將結束，你很可能注意到幾件事：當你去看現在自己有什麼感覺時，你發現那一股直接反應的憤怒已經消散了。你覺得鬆了一口氣，因為你剛剛沒有說出或做出現在會後悔的事。最棒的是，你好像湧出了一種**真正的**平靜感，讓你可以更快就不再對於剛剛發生的事反覆芻思。你本來可能因為事情不公不義而生幾小時的悶氣，但現在你發現比較容易放手並繼續往前邁進。

不用否定你感覺到怒氣或緊繃的事實，你就可以達到這種狀態。事實上，十分鐘時間到了之後，你大可選擇去感受憤怒，如果這感覺比較對。這種技巧完全接受這些情緒存在的事實，而這並不表示每一種情緒一出現，我們就要緊抓著不放，也不代表要讓情緒決定我們如何思考、說話或行事。這不就是一種能賦予力量的想法嗎？

練習23：打破芻思的循環

芻思是什麼意思？我們在本書中用到這個詞好幾次，但到目前都還沒有真正定義它。

在英文裡，芻思「ruminate」一詞有著引人入勝的意思，源自於拉丁文的「rūmināre」，字面上的意思是反芻。正因如此，那些會「咀嚼反芻食物」的動物，比方說牛，稱之為「反芻動物」（ruminant）。這個詞，很適合用來描述所有人不時都會出現的一種特別思維方式。牛反芻，是把部分已經消化過的食物再倒流回來，重新咀嚼，通常會重複多次。心智上的反芻也一樣，我們把舊的記憶、概念和某些陳腐的舊主題倒回來，翻來覆去地想了又想。反覆咀嚼食物對牛來說健康又正常，但對人來說，反覆思量卻很少健康又正常！

假設你和某個你摯愛的人發生意見分歧，你在心裡一再地播放你們之間的對話。你可能會想如果當時你說了別的話就好了，或是你心裡充滿了遺憾或悔恨。這件事讓你感覺很不舒服，因此你的腦子一直重回相同場景，巴著不放，用放大鏡檢視每一個醜陋的細節，嘗試放上不同的詮釋與假設性的結果。基本上，反覆思量就是想太多。

芻思是把想法咀嚼到稀爛，這一點用都沒有。當我們想起過去的記憶，到頭來又觸發了其他（通常是負面的）記憶，這讓我們陷入一個愈來愈緊箍的分心迴圈，甚至還會再想更多。你不斷地咀嚼再咀嚼，解決問題的動力只會愈來愈低落，焦慮則是愈來愈嚴重。換言之，你完全停不下來，一再地對自己述說一個真的很糟糕的故事。

如果你是一個熱愛重提舊日不愉快記憶的人，要停下來的第一步，就是先找出你的觸發機制。可能是你回到家看到自己的舊房間，可能是某一首歌、某一種食物或是某一種被人打分數的體驗。不管是什麼，你都要知道這對你造成了哪些影響，才能夠有所行動。第二步是要了解你的芻思以哪種形式出現。你是把重點放在遺憾嗎？還是憤恨？又或者是絕望？你是會不斷責備他人，還是帶著愧疚鞭笞自己？

接下來，要理解的是你同時需要**覺察**和**拉開距離**，才能脫離這種從一開始就不符合事實的老調重彈。讀過之前的技巧和方法，現在你應該很熟悉這部分了。在心理上往後退一步，離開這個一旦打開開關就會自動演下去的老故事。就像我們之前做的所有用心當下練習一樣，只要觀察腦袋裡的故事如何展開，不用去認同、依附，也不用抗拒。

有一種拉開距離的方法叫**貼標籤**（labeling）。替故事取個名字。每次你發現自己被觸發、進到同一個譴責與憤怒的老故事裡時，你就可以想著：「喔，《英雄傳說》（*The Saga*）又上演了。」你也可以單純透過觀察想法和感覺拉開距離，不要被它們捲進去。因此，不要說：「我很沒用。」改說：「此時此刻我覺得自己很沒用。」不要說：「我把事情搞砸了。」改說：「我現在正想起一次非常痛苦的記憶。」在你的感覺旁邊圍上具體的圍籬，對感覺加以設限，並且開始理解這只是暫時的。畢竟，我們拿來折磨自己的事，有多少是以現實為憑，又有多少只是我們選擇告訴自己的**故事**？

如果你可以加入一點幽默感，那也很棒。當你找到幽默感，你就會有韌性，某種程度上你也會勝過你面對的可怕議題。每當你想起童年時讓人難堪的事件，你就對自己說：「喔，要開始囉，我的憐憫派對今天要熱鬧登場了。」接著，去找找看當中的荒誕之處，想像有一支迷你遊行隊伍帶著可笑的小氣球跑出來。開開自己的玩笑，至少，你要知道你絕對不是唯一一個會流連在悲慘記憶中的人。

另一種可以嘗試的作法，是刻意自問：**我在做的事情是解決問題還是芻思？**要誠實。第一次咀嚼時，某個概念或許還可以產生一些用處或洞見，但通常來說，你反覆愈多次，能從中得到的就愈少。我們已經明白，想要從卡住的分析模式裡脫身，有一種強效的解方就是去行動。真正去**做點什麼**，把你自己帶回實實在在的當下，不要永無止盡地耍弄著各種可能性、猜測與憂慮。

如果答案是「我只是在芻思」，那麼，請強迫自己把注意力轉向某個此時此刻就能進行的微小行動。就假設你搞砸了事情，還對一個朋友脫口而出一些惡毒的話，你現在覺得糟透了。你不斷在腦海裡重複你講過的話，每一次都尷尬不已。然後，你停下來自問：「我現在做的事是在解決問題，還是在芻思？」你明白，你只是在心理上反覆咀嚼那些草秣，然後你要自己停下來，轉頭去找一件你可以做到，而且可以改善整個情況的小事。

這裡遇到的問題是你冒犯了朋友。解決方案可以是道歉，或伸出手去修補你們友誼的橋樑，所以就去做吧。你可以這樣想：如果你要把所有精力都放在反覆思考這個問題，至少要有點用處、找到方法來做點改善。如果你什麼也改善不了，那就把你的心力放在能讓你分心的事物上、選擇寬恕，或者就放下並繼續向前邁進。

當你重新引導焦慮的能量，導入讓你可以用來改善整個局面，或至少幫助你好好面對的事情上，你就得以重新和這個世界交流，脫離沒有任何方向、只是不斷在原地迴圈的心理風暴。

我們已經談過痛苦耐受度（distress tolerance），但藉由學習讓自己於適當的時候分心，會讓你在心理上更具抗壓性，這對你大有幫助。當你注意到自己在芻思（「啊，我的芻思又跑出來了，又在講同樣的老故事，真是無聊死了……」），就要很快地投入可以吸納你全部注意力的活動。站起來，做三十次開合跳，同時倒背二十六個英文字母。寫下你這個星期的購物清單，繼續織你正在做的編織，清理你的桌面，或演唱一首複雜的歌曲，把注意力全都放在歌詞上面。你做什麼不重要，重要的是你藉由讓自己分心暫時打破芻思循環。

如果你什麼都想不到，那就把重點放在五感的感受，或是去做一些體能活動，例如慢跑或瑜伽。你未必要堅忍地坐在那裡和擾人的想法奮戰，如果你想的話，可以站起來動一動，把這些甩開。如果你聽到你的腦子沉浸在「本來會、當時應該要、明明可以、如果這樣的話、或許」等類型的想法，趁還來得及，趕快消滅它。通常，我們都想避免分心，但如果我們有意圖地、有目的性地運用，分心可以是很強大的工具。

你是在反覆咀嚼你根本完全無法控制的事嗎？

你是在小題大作嗎？

你的芻思能夠改善情境或修正問題嗎？

有任何理由讓你相信你正在講的故事、對事件的解讀真的這麼值得聽？換句話說，你真的應該相信嗎？

把你的芻思想成老是叨唸同一件事的煩人老朋友，可以讓你在心理上拉開距離。把你自己想成一個冷靜、公正的旁觀者，內心深處很清楚，這個故事不過就是……一個故事罷了。因此，芻思就像無聊的老朋友跑過來找你聊：「還記得嗎，就是幾年前，你說你會說法語，結果有一個人來跟你說法語，你根本不知道怎麼回答的那件事？你還記得嗎？真的很丟臉對吧？」

觸發這段回憶的，可能是看到某個電視節目，或是你最近又碰到了事件發生當下也在場的某個朋友。不管是什麼因素觸發你的芻思，一旦你察覺到，你有兩個選擇。你可以和這個無聊的老友作伴，好好來場冗長又煩人的討論，談一談整件事有多麼讓人尷尬，以及講出這個愚蠢謊言的你有多糟糕。**或者**，你也可以平靜地對你的芻思說：「啊，對啊，我知道這個老掉牙的故事，但那已經是過去的事了。我學到教訓了，我再也不會做這種事來自我吹噓了，大家早就原諒我的失態了。現在，且讓我回到之前正在做的事……」

每當這個讓人厭煩的芻思老友又跑出來、邀請你重播尷尬的場景，你可以這樣回答：「喂，芻思，你沒有別的新鮮事可說嗎？你有沒有新的想法，讓我現在可以採取一些務實的行動？如果沒有，那就再見囉。我還有事要忙。」你的心就像鐵氟龍一樣不被沾染，就這麼簡單。芻思這傢伙，有點不高興沒人要聽他說，就會跑到別處去了。

精華重點

☆雖然本書提出了大量的策略以幫助你因應焦慮和多慮，但你的目標並不只是學到一些祕訣和招數，而是要在態度與認知上帶入本質上的改變，以產生能改造你整個人的影響力。你可以將本章的五種態度納入你的心態當中。

☆第一種是聚焦在你可以控制的，而非你不能控制的。如果你可以控制某件事，那就去做；但如果你不能，那擔心也沒有用。說到底，如果你無能為力，最好的策略就是接受這一點，然後繼續前進。第二種態度是聚焦在你能做的，而非你不能做的。這和第一種態度很類似，但更為具體。在特定情境下，你能做的與不能做的是哪些具體的事？

☆第三種態度是聚焦在你擁有的，而非你沒有的。我們常常忘記要珍惜我們擁有、能任我們運用的美好事物，反而過度聚焦在我們缺少了什麼。然而我們可以修正這一點，刻意地去想一想生命中的美好事物。與此相似的是，瞄準你需要的、而非你想要的，因為你想要的永遠沒完沒了，而且也不可能全部都得到。這可以幫助你把焦點放在絕對必要的事物上。最後，要活在當下而非過去或未來，因為不斷地揣測「如果這樣會怎樣」是最容易陷入想太多的路徑。

☆ 芻思是讓人焦慮且無益的過度思考。就像其他類型的焦慮一樣，這可以運用覺察和在心理上拉開距離來因應。把想法貼上標籤、擬人化，把老掉牙的故事外部化，並養成習慣，自問你正在做的事是真的在解決問題或只是芻思。

人生顧問 0469

八成是你想太多：你的煩惱不是真正的煩惱，23個鬆綁焦慮、緩解壓力與享受當下的練習

作　　者—尼克・崔頓 Nick Trenton
譯　　者—吳書榆
資深主編—陳家仁
協力編輯—張黛瑄
企　　劃—藍秋惠
封面設計—廖韡
版面設計—賴麗月
內頁排版—林鳳鳳

總 編 輯—胡金倫
董 事 長—趙政岷
出 版 者—時報文化出版企業股份有限公司
108019 臺北市和平西路三段 240 號 4 樓
發行專線 (02)2306-6842
讀者服務專線— 0800-231-705・(02)2304-7103
讀者服務傳真— (02)2304-6858
郵撥— 19344724 時報文化出版公司
10899 臺北華江橋郵政第 99 信箱
時報悅讀網— http://www.readingtimes.com.tw
法律顧問—理律法律事務所 陳長文律師、李念祖律師
印刷—家佑印刷有限公司
初版一刷— 2023 年 1 月 6 日
定價—新台幣 350 元

時報文化出版公司成立於一九七五年，並於一九九九年股票上櫃公開發行，於二〇〇八年脫離中時集團非屬旺中，以「尊重智慧與創意的文化事業」為信念。

ISBN 978-626-353-180-2
Printed in Taiwan

八成是你想太多 : 你的煩惱不是真正的煩惱 ,23 個鬆綁焦慮、緩解壓力與享受當下的練習 / 尼克 . 崔頓 (Nick Trenton) 著 ; 吳書榆譯 . -- 初版 . -- 臺北市 : 時報文化出版企業股份有限公司 , 2023.01
240 面 ;14.8x21 公分 . -- (人生顧問 ; 469)
譯自 : Stop overthinking : 23 techniques to relieve stress, stop negative spirals, declutter your mind, and focus on the present
ISBN 978-626-353-180-2(平裝)

1.CST: 焦慮 2.CST: 情緒管理 3.CST: 生活指導

176.527　　111018384